RENELE AWONO

# Le Processus du But

UNE ÉTUDE BIBLIQUE APPROFONDIE INSPIRÉE PAR LE LIVRE CRÉÉ AVEC CRAINTE ET MERVEILLE.

© 2021 by Renele Awono
*Le Processus du But*

*All rights reserved. No portion of this book may be reproduced, stored in a retrieval system, or transmitted in any form or by means-electronic, mechanical, photocopy, recording, scanning, or other-except for brief quotations in critical reviews or articles, without prior permission of the publisher.*

*Unless otherwise noted, Scriptures used in this volume are taken from the Holy Bible, the New King James Version®. Copyright © 1982 by Thomas Nelson. Used by permission. All rights reserved.*

*Scripture quotations designated ESV are from The Holy Bible, English Standard Version ®, copyright © 2001 by Crossway Bibles, a publishing ministry of Good News Publishers. Used by permission. All rights reserved.*

*Scriptures noted (NIV) are taken from the Holy Bible, New International Version®, NIV® Copyright ©1973, 1978, 1984, 2011 by Biblica, Inc.® Used by permission. All rights reserved worldwide.*

*Scripture taken from the New King James Version®. Copyright © 1982 by Thomas Nelson, Inc. Used by permission. All rights reserved.*

*Scriptures noted (MSG) are taken from the Holy Bible, The Message, Copyright © 1993, 1994, 1995, 1996, 2000, 2001, 2002 by Eugene H. Peterson.*

*Scriptures noted (AMP) are taken from the Holy Bible, Amplified Bible, Copyright © 2015 by The Lockman Foundation, La Habra, CA 90631. All rights reserved.*

*Scriptures noted (NLT) are taken from the Holy Bible, New Living Translation, copyright © 1996, 2004, 2015 by Tyndale House Foundation. Used by permission of Tyndale House Publishers Inc., Carol Stream, Illinois 60188. All rights reserved.*

*Paperback:*
*ISBN-13: 978-1-7353526-4-0*
*Library of Congress Control Number:*

# Avis de droit d'auteur

Tous droits réservés

Aucune partie de cette publication ne peut être reproduite, distribuée ou transmise sous quelque forme ou par quelque moyen que ce soit, y compris la photocopie, l'enregistrement ou d'autres méthodes électroniques ou mécaniques, sans l'autorisation écrite préalable de l'éditeur, sauf dans le cas de brèves citations incorporées dans des critiques et certaines autres utilisations non commerciales autorisées par la loi sur le droit d'auteur.

Droits d'auteur © 2021 by Renele Awono

# Salut, je suis Renele !

Depuis le tout début des temps, Dieu t'a amené à un but. Je suis très excitée par ce qu'il fait dans ta vie au nom de Jésus.

Je suis auteure, coach/consultante, épouse et mère de 3 enfants et plus encore ! Je marche dans la destinée que Dieu a déclarée pour moi et j'adore ça ! Je vois des vies changées, des familles délivrées des communautés et des nations transformées grâce à la personne que Dieu m'a créée ! C'est à vous de briller, en vous engageant dans ce que Dieu vous a appelé à faire ! Alors, marquez-le !

Ce n'est pas un hasard si vous avez trouvé cette étude biblique, ma prière est que vous receviez tout ce que Dieu a voulu que vous receviez pendant votre lecture !

**INSTAGRAM | FACEBOOK**

# Bienvenue!

Je m'appelle Renele Awono, auteur de " Créée avec crainte et merveille" et de " Le processus du but ", une étude biblique approfondie qui permet d'approfondir la compréhension de la marche dans le but. L'étude biblique a été inspirée par le Saint-Esprit et est une extension de mon livre, Créée avec crainte et merveille. " Le processus du but " est une plongée en profondeur dans l'invitation de Dieu à entrer dans le plan divin qu'il a conçu pour nous. Au cours de ce voyage, vous en apprendrez davantage sur la **préparation** nécessaire à l'accomplissement de la destinée, sur le **positionnement** que Dieu vous réserve, sur son but et sur les raisons pour lesquelles vous devez dire oui, et enfin, nous explorerons celui qui a **parfaitement** mis en œuvre son **but**.

Je tiens à vous féliciter d'avoir pris la décision d'approfondir votre voyage pour être tout et faire tout ce pour quoi Dieu vous a créé. Dieu a toujours eu un plan incroyable pour votre vie et il est très heureux que vous ayez accepté son invitation à rechercher ce qu'il a conçu pour vous depuis le tout début des temps.

Cela fait longtemps que je cherche à savoir et à comprendre pleinement pourquoi je suis ici sur terre. J'ai toujours voulu savoir pourquoi je suis née. Ma mère a fait des fausses couches avant et après moi, pourquoi suis-je celle qui a survécu ? Lorsque j'ai commencé à rechercher Dieu de manière intentionnelle, il a commencé à me révéler des pièces du puzzle afin que je puisse avoir une idée plus claire de mon but ici sur terre. Je me suis alors concentrée sur le désir profond d'ÊTRE tout ce qu'Il m'a créé et de FAIRE tout ce pour quoi Il m'a créé.

C'est incroyable lorsque Dieu révèle ses intentions pour votre vie. Il m'a finalement redonné l'envie non seulement de faire ce pour quoi j'ai été créée, mais aussi d'aider les autres à atteindre leur but.

Créée avec crainte et merveille est né de la frustration d'expériences de vie qui semblaient toujours me détourner de ce pour quoi j'avais été créée. Dieu m'a fait comprendre que ce n'était pas seulement mon histoire, mais aussi celle de beaucoup d'autres personnes. Il y a d'innombrables personnes qui ont compris les promesses de Dieu, mais qui ne les ont pas expérimentées dans leur vie. Créée avec crainte et merveille est un regard transparent sur notre identité en Christ, sur l'intention de Dieu à notre égard, sur la manière de surmonter les obstacles auxquels nous sommes souvent confrontés et sur les moyens d'identifier et de réaliser notre objectif. En Christ, nous vainquons, la Bible dit que nous sommes plus que vainqueurs en (Romains 8 :37). Chacun de nous a vécu des expériences uniques que Dieu peut transformer et utiliser pour notre bien. Nous avons une merveilleuse occasion de nous associer au Christ pour lui permettre d'utiliser ce que nous avons vécu et d'en faire quelque chose de beau.

Je souhaite qu'en parcourant cette étude, Dieu commence à vous donner sa perspective pour marcher dans votre but. Ma prière est que l'accélération divine, la sagesse et la transformation pour votre destinée commencent à inonder votre vie. Il n'y a pas de coïncidences en Dieu, vous êtes au bon moment dans la destinée pour commencer votre voyage avec le Roi qui changera votre vie pour toujours, si vous le permettez.

# Comment Utiliser cette Étude

Ce guide a été conçu pour vous permettre de saisir ce que le Seigneur vous dit au sujet de votre destinée ! La plupart des versets bibliques abordés se trouvent directement dans le texte pour faciliter l'étude. Cette étude est pleine d'opportunités pour vous aider à avancer vers votre but. Prenez un moment pour vous familiariser avec les sections de cette étude approfondie.

**OBJECTIF DE CE MODULE** — Des points de référence rapides pour vous aider à comprendre ce que vous allez apprendre dans chaque module.

**LE SAINT ESPRIT MURMURE** — Au fur et à mesure que vous entendrez le Seigneur, vous pourrez écrire ces précieux mots dans l'espace prévu à cet effet.

**NOTES** — Un espace pratique pour noter les points sur lesquels vous souhaitez réfléchir ultérieurement.

**Questions de Réflexion** — Après chaque module, vous trouverez des questions de réflexion pour vous aider à traiter les informations contenues dans le module en fonction de votre objectif.

**Il est TEMPS D'avancer** — Avancer, est un appel à l'action à la fin de chaque module. Ces sections sont conçues pour vous aider à commencer à activer votre passage à la destinée.

**7 Jours de défi des buts** — Le défi des buts a été créé pour vous conduire à des moments ciblés de prière et d'action afin de vous catapulter vers ce pour quoi Dieu vous a créé.

**Trésor de Prière** — Ce Trésor de prière est une courte incitation à la prière conçue pour vous conduire à des moments plus profonds d'intimité avec Dieu.

# La fondation

Dès le début, Dieu a placé ses intentions sur nous pour le bien, en fait, c'était son bon plaisir de nous donner son royaume. Il nous a spécifiquement créés dans le but de nous associer à lui pour accomplir son plan sur la terre. Il est important que nous comprenions cela afin de pouvoir aller de l'avant, en nous associant à Lui dans la sagesse et la vérité.

Jérémie, le prophète, a expliqué cela en détail. Il déclare : "Avant que je te forme dans le ventre, je te connaissais ; avant que tu sortes du ventre de ta mère, je t'ai sanctifié, et je t'ai établi prophète des nations." (Jérémie 1 :5). (Jérémie 1 :5). Cela permet de comprendre que nous avons été prédestinés, purifiés de tout péché que nous pourrions commettre, et mis à part par Dieu pour ses objectifs spécifiques. 2 Pierre 1 :3 explique davantage, car sa puissance divine nous a accordé tout ce qui concerne la vie et la piété, par la vraie connaissance de celui qui nous a appelés par sa propre gloire et par sa vertu. Notre destinée a été mise en place et tout ce dont nous aurions besoin pour l'accomplir nous a déjà été donné.

La mise en pratique de ces vérités fondamentales exige que nous choisissions le Christ. Nous devons choisir d'accepter le Christ comme notre Sauveur pour recevoir les avantages, les buts et les plans que Dieu a préétablis pour nous. Une fois que nous avons accepté le Christ, nous pouvons alors faire des choix quotidiens pour nous associer à Dieu et devenir ce qu'il nous a créés. Ces choix nous obligeront à faire des sacrifices et à marcher dans l'Esprit de Dieu pour accomplir TOUT ce qu'Il nous a créés. Nous devons nous rappeler que notre Créateur est le mieux placé pour savoir... après tout, c'est lui qui nous a créés.

# Le Processus du But

## APERÇU RAPIDE

Entrer dans votre destinée n'est pas une tâche facile. Vous trouverez ci-dessous une brève présentation à laquelle vous pourrez vous référer lors de votre voyage vers votre but.

### L'Invitation

Dieu nous invite à nous associer aux plans qu'il a créés pour nous depuis le début des temps.

### La Préparation

Tout au long de votre vie, Dieu vous a préparé à quelque chose de grand, que vous le sachiez ou non

### Le But

En suivant votre destinée, vous accomplissez bien plus que vous ne le pensez. Des buts éternels sont également accomplis.

### Le Positionnement

Dieu a une façon de nous conduire vers notre destinée, par différents moyens. Soyez attentifs, vous avez été placés pour un moment tel que celui-ci

### La Perfection

Nous ne sommes pas sans aide lorsqu'il s'agit d'accomplir notre destinée. Dieu nous a envoyé l'exemple parfait, Jésus !

### La Réponse

Vous avez été invité à vous associer à Dieu sur cette terre... comment allez-vous répondre ?

# Plan du *Module*

**01** L'Invitation

**02** La Préparation

**03** Le Positionnement

**03** Le Positionnement pt.2

**04** Le But

**05** La Perfection

**06** La Réponse

*01*

# L'Invitation

VOUS AVEZ ÉTÉ INVITÉS DEPUIS LA NUIT DES TEMPS, COMMENT ALLEZ-VOUS RÉPONDRE?

# L'Invitation

Dieu nous invite à nous engager dans les projets qu'il a pour nous. Souvent, nous ne savons pas quels sont ces plans ni même par où commencer. Tout commence par son invitation. Comme nous l'avons vu dans le document "Crée avec Crainte et Merveille", avant que le temps ne commence, Dieu vous a conçu dans un but précis ! Éphésiens 2:10 l'explique si bien,

**10** *For Car nous sommes son ouvrage, créés en Jésus-Christ pour des œuvres bonnes, que Dieu a préparées d'avance, afin que nous les pratiquions !*

The blueprint for what He desires has been drawn up, but of course, it's up to us to choose His plans. Prayerfully after you complete this bible study you will have a greater courage to take a leap of faith into the purpose you were created for.

## OBJECTIF DE CE MODULE

- Comprendre l'invitation de Dieu à la destinée
- Comprendre comment il vous donnera la sagesse pour le voyage.
- Comprendre ce qu'est le "but".

Vous vous demandez peut-être ce qu'est exactement l'"Invitation" ? L'"Invitation" est l'appel ou le but pour lequel Dieu vous a créé, c'est la seule raison pour laquelle vous existez.

Le but est défini comme la raison pour laquelle quelque chose est fait ou créé ou pour laquelle quelque chose existe [1] De même, un appel est une forte envie de suivre un mode de vie ou une carrière particulière ; une vocation [2].

C'est intentionnellement, avec beaucoup d'amour et de soin, que Dieu t'a formé dans le ventre de ta mère et, même à ce moment-là, un but se dessinait. Le roi David l'explique ainsi dans les Psaumes 139:13-16,

*13 Car c'est toi qui as formé mes entrailles ; Tu m'as couvert dans le sein de ma mère.*
*14 Je te louerai, car je suis admirablement créé, Tes œuvres sont merveilleuses, Et mon âme le sait bien.* *15 Ma forme n'était pas cachée devant toi, Quand j'étais fait dans le secret, Et que je travaillais avec habileté dans les profondeurs de la terre.*
*16 Your eyes saw my substance, being yet unformed. And in Your book they all were written, the days fashioned for me, when as yet there were none of them.*

Le verset 16 explique que les jours de ta vie étaient déjà écrits dans ton livre, même s'ils n'étaient pas encore passés. Vous voyez, il y avait un plan complexe déjà créé pour votre vie, cependant vous avez le choix d'accepter ou de refuser les plans que Dieu a pour vous. Oui, vous avez le choix !

Je ne suis pas sûr pour vous, mais je veux faire et être tout ce pour quoi j'ai été créé ! Alors pourquoi a-t-il fait cela, pourquoi nous a-t-il conçus avec un plan déjà en tête ? Genèse 1:26 explique,

*26 Dieu dit alors : "Faisons l'homme à notre image, selon notre ressemblance ; qu'il domine sur les poissons de la mer, sur les oiseaux du ciel, sur le bétail, sur toute la terre et sur tous les reptiles qui rampent sur la terre.*

Nous avons un but qui est clairement défini ici à une plus grande échelle. Le plan de Dieu était de nous donner à régner sur la terre. Nous avons la domination sur la terre à cause de Jésus pour faire et être tout ce pour quoi il nous a créés et pour montrer la volonté de Dieu sur la terre.

Avec cette autorité déléguée, nous avons été "invités" à un appel plus élevé. L'invitation consiste à développer une relation plus profonde avec Dieu, à réaliser ses desseins dans votre vie et dans celle des autres et à apporter la manifestation du Royaume de Dieu sur la terre.

Voyons ce qui se passe lorsque des gens ordinaires comme vous et moi disent "oui" en réponse à l'invitation de Dieu.

## Le Révélateur

Jean le Révélateur me vient à l'esprit. Jean, souvent appelé le "bien-aimé" du Christ, est l'auteur de l'Évangile de Jean, du 1er, du 2e et du 3e Jean et du livre de l'Apocalypse. Tout au long de sa vie, Jean a reçu plusieurs invitations de Dieu.

Il a été invité à devenir un apôtre de Jésus-Christ et il a été le seul à rester près de Jésus à la Croix. Une grande partie de ce que Jean a écrit correspond à ce qu'il a vu et vécu avec Jésus et par la révélation du Saint-Esprit sur l'île de Patmos.

Cependant, lorsque nous arrivons au chapitre 4 de l'Apocalypse, nous voyons une invitation distincte, tandis qu'une autre dimension de la révélation s'agite. Jean se souvient d'une vision que le Seigneur lui a montrée,

*1 Après cela, je regardai et je vis une porte ouverte dans le ciel. Et la voix que j'avais entendue auparavant me parler comme une trompette disait : "Monte ici, et je te montrerai ce qui doit arriver après ces choses." (Apocalypse 4:1)*

**LE SAINT ESPRIT MURMURE**

Jusqu'à ce point, Dieu a parlé à Jean de choses qui se passaient actuellement. C'était une invitation à une couche plus profonde de révélation. Dans la phase suivante de cette invitation, il souhaite élever Jean de la simple connaissance de ce qui se passe actuellement à la connaissance des choses à venir.

Cette étude biblique est une invitation du Seigneur à vous élever et à vous joindre à Lui au banquet pour manger à Sa table. C'est une invitation à le laisser télécharger des secrets surnaturels pour vous, les mystères du Royaume. Oui, il y a des secrets qu'il veut te révéler ! Chaque fois que Jean a accepté l'invitation, le Saint-Esprit lui a donné plus d'opportunités pour une révélation plus profonde.

2 C'est la gloire de Dieu de cacher des choses, mais la gloire des rois est de les découvrir, Prov. 25:2".

Cette écriture explique le mystère de la façon dont le Royaume fonctionne, Dieu dissimule intentionnellement ses secrets pour que nous creusions profondément et les découvrions, c'est sa façon de développer une relation avec nous. En cherchant et en cherchant, nous nous approchons et devenons plus proches de Lui. Il promet qu'il nous donnera des trésors cachés, des richesses enfouies dans des lieux secrets, afin que nous sachions qu'il est l'Éternel, le Dieu d'Israël, qui nous appelle par notre nom, Ésaïe 45:3.

**LE SAINT ESPRIT MURMURE**

# Le Prophète

Elie, le prophète, était aussi quelqu'un qui cherchait Dieu. Il s'est tenu en présence du Seigneur et a reçu une grande révélation. Il a donné à Elie des instructions étape par étape et des plans détaillés à suivre. Élie est connu pour :

- Son puissant témoignage
- Les miracles qu'il a accomplis
- Sa dévotion sans faille à Dieu

Le but d'Elie était de faire taire les faux prophètes, les mauvais rois et de détruire les faux dieux qui avaient été créés pour égarer Israël. C'était un objectif difficile à atteindre ! Élie a été créé et conçu spécifiquement pour sa mission. Il s'est volontairement approché de Dieu, si près qu'il s'est tenu en sa présence.

**1** *Et Élie, le Tishbite, qui était du nombre des colons de Galaad, dit à Achab : "L'Éternel, le Dieu d'Israël est vivant et c'est **devant lui que je me tiens**. Il n'y aura ni rosée ni pluie ces années-ci, si ce n'est par ma parole. (1 Rois 17:1)*

Alors, que signifie exactement se tenir devant le Seigneur ? Lee Ann Rubsam dans son article, Le Seigneur Dieu ...Devant qui je me tiens (2ème partie), l'explique ainsi :

*"C'est se tenir au garde-à-vous devant Lui dans la salle de son trône, en tant que serviteur. C'est se tenir au garde-à-vous devant Lui dans la salle de Son trône, comme Son serviteur, en guettant le moindre geste de Sa main ou le moindre contact visuel, en sachant ce qu'Il veut et en agissant pour le faire. Elle explique ensuite que cela exige une sensibilité aiguë à Son égard.*

*2 Voici, comme les yeux des serviteurs regardent vers la main de leurs maîtres, et comme les yeux d'une jeune fille vers la main de sa maîtresse, ainsi nos yeux attendent l'Éternel, notre Dieu (Psaume 123, 2).*

*Cela signifie avoir une relation face à face avec Dieu (intimité). Cela signifie être invité à entrer dans la salle de son conseil de guerre, à prendre conseil auprès de lui pour ses stratégies. C'est une place d'honneur, qui ne doit pas être prise à la légère*

*Bien que ce soit le privilège potentiel de chaque croyant, tout le monde ne parvient pas à ce genre d'intimité avec le Seigneur. Il n'est pas facile d'y accéder. Elle exige un abandon total de soi dans les mains du Seigneur.*

*Elle implique un raffinage douloureux de Sa part.* [3]

Lorsqu' Élie s'est tenu en présence du Seigneur, il a reçu des instructions spécifiques sur la manière d'être victorieux au milieu des ennemis de Dieu. Les ennemis d'Élie et de Dieu étaient des gens puissants qui auraient pu lui faire beaucoup de mal et même le tuer, mais Dieu l'a protégé et soutenu. Prenez le temps de lire l'histoire d'Élie, il a été victorieux même lorsqu'il se sentait seul. Dans I Rois, chapitres 17-18, il est clair que Dieu était avec Élie, il lui a donné des instructions sur l'endroit où il devait voyager, il a pris des dispositions pour lui. Nous voyons la provision de Dieu lorsque la soif d'Élie est étanchée par le ruisseau et lorsqu'il est nourri par un corbeau et une veuve.

Nous voyons également le soutien de Dieu dans d'autres cas, par exemple lorsqu'il obéit aux instructions de Dieu de prononcer le jugement de non-pluie, lorsqu'il s'oppose à 450 faux prophètes de Baal et au roi Achab et lorsqu'il promet à la veuve que sa farine et son huile ne tariront pas jusqu'à ce que la famine cesse. Tous ces événements étaient miraculeux et démontraient la puissance de Dieu à l'œuvre dans la vie d'Élie.

Dieu était également avec Élie lorsque le fils de la veuve était malade et mourut. La puissance de Dieu était également à l'œuvre lorsqu'Élie a dit à Achab de préparer son char et de partir avant que la pluie ne l'en empêche. Cela s'est produit alors qu'il n'y avait pas eu de pluie pendant 3 ans et cela faisait partie du but pour lequel Élie avait été créé. Gardez à l'esprit qu'Élie avait le libre arbitre de refuser l'invitation du Seigneur, et Dieu merci, il ne l'a pas fait. Dieu vous soutiendra dans votre cheminement vers le but qu'il a conçu pour vous.

## Le Prophète

Ésaïe était un autre prophète qui se tenait dans le conseil de Dieu et recevait la sagesse. Le rôle d'Ésaïe était de prédire la venue du Messie en tant que chef suprême. Dieu a parlé à Ésaïe par des visions de l'avenir et l'a averti du jugement imminent des nations.

Les puissantes révélations qu'Ésaïe a reçues comprennent la profondeur de la compréhension du règne du Messie, de ses souffrances et de son royaume, dont il est question dans Ésaïe 53 ; comment le Saint-Esprit fortifiera le Messie, dans Ésaïe 11:2-5 ; et le caractère du Messie expliqué dans Ésaïe 42:1-4.

### LE RÈGNE, LA SOUFFRANCE ET LE ROYAUME DU MESSIE

*1* Qui a cru à notre message et à qui le bras du Seigneur s'est-il révélé ? *2* Il a grandi devant lui comme une pousse tendre, et comme une racine sortie d'un sol aride. Il n'avait ni beauté ni majesté pour nous attirer à lui, rien dans son aspect pour que nous le désirions. *3* Il était méprisé et rejeté par les hommes, un homme de souffrance, familier de la douleur. Comme celui dont on se cache le visage, il a été méprisé, et nous l'avons tenu en piètre estime. *4* Certes, il s'est chargé de notre douleur et a porté nos souffrances, mais nous le considérions comme puni par Dieu, frappé par lui et affligé. *5* Mais il a été transpercé pour nos transgressions, il a été écrasé pour nos iniquités ; le châtiment qui nous apporte la paix est tombé sur lui, et c'est par ses blessures que nous sommes guéris. *6* Nous étions tous égarés comme des brebis, chacun suivait sa propre voie,

*et le Seigneur a fait retomber sur lui notre faute à tous. **7** Il a été opprimé et affligé, mais il n'a pas ouvert la bouche ; il a été conduit comme un agneau à l'abattoir, et comme une brebis qui se tait devant ses tondeurs, il n'a pas ouvert la bouche. **8** Par l'oppression et le jugement, il a été emmené, et qui de sa génération a protesté ? Car il a été retranché de la terre des vivants, il a été puni pour la transgression de mon peuple. 9 On lui a assigné une tombe avec les méchants et avec les riches dans sa mort, alors qu'il n'avait commis aucune violence et qu'il n'y avait pas de fraude dans sa bouche.**10** Mais c'était la volonté de l'Éternel de l'écraser et de le faire souffrir ; et si l'Éternel fait de sa vie une offrande pour le péché, il verra sa descendance et prolongera ses jours, et la volonté de l'Éternel. **11** Après qu'il aura souffert, il verra la lumière de la vie et sera rassasié ; par sa connaissance, mon serviteur juste justifiera beaucoup de gens, et il portera leurs fautes.**12** C'est pourquoi je lui donnerai une part parmi les grands, et il partagera le butin avec les forts, parce qu'il a livré sa vie à la mort, et qu'il a été compté parmi les transgresseurs. Car il a porté le péché de plusieurs, et il a intercédé pour les transgresseurs.*
(Esaïe 53)

**NOTES**

## L'HABILITATION DU MESSIE PAR LE SAINT ESPRIT

*2 The Spirit of the Lord will rest on him the Spirit of wisdom and of understanding, the Spirit of counsel and of might, the Spirit of the knowledge and fear of the Lord. 3 and he will delight in the fear of the Lord. He will not judge by what he sees with his eyes, or decide by what he hears with his ears; 4 but with righteousness he will judge the needy, with justice he will give decisions for the poor of the earth. He will strike the earth with the rod of his mouth; with the breath of his lips he will slay the wicked.*
*5 La justice sera sa ceinture et la fidélité la ceinture de sa taille.* (Esaïe 11:2-5)

## LE CARACTERE DU MESSIE

*1 Voici mon serviteur, que je soutiens, mon élu, en qui j'ai mis mes délices ; je mettrai mon Esprit sur lui, et il rendra justice aux nations. 2 Il ne criera pas, il ne crieras pas, il n'élèvera pas la voix dans les rues. 3 Il ne brisera pas le roseau froissé, et il n'éteindra pas la mèche fumante. Dans la fidélité, il fera régner la justice ; 4 il ne chancellera pas, il ne se découragera pas, jusqu'à ce qu'il ait établi la justice sur la terre. C'est dans son enseignement que les îles mettront leur espoir.*
*(Esaïe 42:1-4)*

Prenez quelques instants pour lire ces passages afin de vous faire une idée de la profondeur de la révélation qui a été donnée à un simple homme, un humain frêle et faible par rapport à Dieu, tout comme vous et moi. Je crois que si nous avions l'occasion de demander à Ésaïe quel a été le coût de son acceptation de l'invitation, il dirait que cela lui a tout coûté. Je crois aussi que, dans le même souffle, il dirait qu'il le referait parce que cela en valait la peine.

## *Sagesse*

La sagesse n'a pas de prix, la révélation du seul vrai Dieu ne peut être comparée à rien de ce que nous possédons ici sur terre. Lorsque nous répondons par notre "OUI" à son invitation, des ressources infinies sont mises à notre disposition pour réaliser notre objectif fixé par Dieu. Lorsque nous développons une véritable intimité avec Dieu, nous recevons plus que nous ne pourrions jamais imaginer, nous recevons sa sagesse de Dieu prudent et omniscient ses instructions, sa stratégie, ses encouragements, ses ressources et bien plus encore. Un ami a partagé avec moi ce passage des Écritures et il était si puissant que je me suis sentie poussée à le partager avec vous pour démontrer la sagesse infinie de Dieu.

Lorsque vous lisez au-delà de la parabole de surface, regardez profondément dans les détails de ses instructions.

*23 Écoutez ma voix, écoutez mes paroles, et soyez attentifs à ma parabole. 24 Un agriculteur laboure-t-il sans cesse au moment des semailles et ne fait-il jamais de récolte ? Est-ce qu'il brise continuellement les mottes de terre et ne sème jamais sa semence ? 25 Une fois qu'il en a nivelé la surface, ne sème-t-il pas de l'aneth et du cumin, plantant son blé en rangs, son orge à sa place et son seigle dans un carré 26 Oui, son Dieu l'a instruit et lui a enseigné la bonne façon de cultiver la terre. 27 L'aneth, une petite graine, n'est pas battu avec un traîneau, et la roue d'un chariot ne roule pas sur le cumin. L'aneth est battu avec une baguette et le cumin avec un bâton. 28 Le grain est écrasé et moulu pour le pain, mais il n'est pas battu sans fin. On fait rouler les roues de la charrette dessus, mais les sabots des chevaux ne le pulvérisent pas.*

En utilisant la métaphore du fermier, Jésus dit à ses disciples de faire très attention à ce qu'il s'apprête à partager avec eux. Il leur fait savoir que s'ils veulent obtenir des résultats, ils ne peuvent pas faire continuellement la même chose les efforts répétés n'apporteront pas les résultats souhaités. Vous devez agir, pas sans but, mais des actions inspirées par Dieu qui produiront des résultats. Il explique qu'il existe un processus, un modèle à suivre pour atteindre le résultat souhaité, à savoir la récolte d'une moisson.

**LE SAINT ESPRIT MURMURE**

Jésus poursuit en expliquant que c'est Dieu qui donne les instructions explicites sur la manière de s'acquitter correctement des tâches. Puis Jésus commence à prodiguer ses sages conseils, en faisant savoir aux disciples que chaque situation, chaque projet, chaque tâche ne peut être traitée de la même manière à chaque fois. Il faut la sagesse insondable de Dieu pour nous conduire vers un but, vers ce pour quoi il nous a créés depuis le début des temps. Il a conçu chaque nuance de votre objectif, acceptez l'invitation et laissez-le vous guider vers l'accomplissement de votre destinée.

**NOTES**

# Questions de Réflexion

Dans un endroit calme, réfléchissez à ce que vous ressentez, à ce qui vous a frappé dans ce module et à ce que le Seigneur vous a dit. Prenez le temps de répondre aux questions ci-dessous.

**AVEZ-VOUS DÉJÀ PENSÉ À ACCOMPLIR VOTRE DESTIN ? POURQUOI OU POURQUOI PAS ?**

**AVEZ-VOUS ACCEPTÉ SON INVITATION À MARCHER DANS VOTRE BUT ? POURQUOI OU POURQUOI PAS ?**

**AVEZ-VOUS ACTUELLEMENT UNE RELATION AVEC JESUS CHRIST ? EXPLIQUER**

# Questions de Réflexion
**SUITE**

**QUEL EST VOTRE BUT ?**

**AVEZ-VOUS EU DU MAL À RÉPONDRE À LA QUESTION PRÉCÉDENTE SUR LE BUT ? POURQUOI OU POURQUOI PAS ?**

**DE QUELLE MANIÈRE RÉPONDEZ-VOUS ACTUELLEMENT À L'APPEL DE VOTRE VIE ? GRANDISSEZ-VOUS DANS VOTRE VOCATION OU VOUS SENTEZ-VOUS STAGNANT ?**

# Il est temps d'Advancer

La première étape pour aller de l'avant est de s'assurer que vous êtes en accord avec Dieu. Pour ce faire, il faut d'abord s'assurer que vous avez une relation avec le Christ. Si vous ne vous êtes jamais engagé envers Jésus-Christ ou si vous l'avez demandé dans votre vie mais que vous n'avez pas vécu selon sa volonté, il est important que vous commenciez par là. Deuxièmement, nous avons souvent des mentalités qui ne sont pas en accord avec la vérité de Dieu. Par exemple, on vous a peut-être dit toute votre vie que vous étiez "stupide". Dieu dit que vous avez été créé avec crainte et merveille, que vous êtes magnifiquement conçu. Vous devrez examiner votre vie et vous débarrasser de ces mentalités. Enfin, commencez à apprendre, à comprendre et à appliquer la vérité de Dieu à votre vie.

## S'engager / Re-s'engager

Si vous n'avez pas demandé à Christ d'entrer dans votre cœur ou si vous n'avez pas reconnu Dieu comme le Seigneur de votre vie, prenez un moment pour prier la prière du salut. Cela permettra à Dieu de vous réaligner sur son objectif initial pour votre vie.

## Défaire les fondations défectueuses

En fonction de ce que vous venez d'apprendre, commencez à prier pour que tous les mensonges que vous avez crus à propos de Dieu, de votre destinée et de vous-même soient détruits. Laissez la vérité de Dieu dans ces domaines commencer à agir dans votre vie.

## S'accorder avec sa vérité

Commencez à relire les Écritures de ce module et recherchez d'autres Écritures qui expliquent la volonté de Dieu pour votre vie.
Lorsque vous serez en accord avec la Parole de Dieu, sa vérité dans votre vie sera établie.

ACCEPTER SON INVITATION
& CO - CRÉER AVEC DIEU

# ... Monte ici, et je te ferai voir ce qui doit arriver dans la suite.

APOCALYPSE 4 : 1

LE PROCESSUS DU BUT

*02*

# La Préparation

SAVIEZ-VOUS QUE VOUS ÊTES PRÉPARÉ À VOTRE DESTIN, MÊME SI VOUS NE SAVEZ PAS QUEL EST CE DESTIN?

# La Préparation

En général, lors de l'organisation d'un mariage, le couple envoie un "Save the Date" pour informer les proches de la célébration à venir afin qu'ils fixent le calendrier de l'événement. Une fois l'invitation officielle reçue, vous devez y répondre en envoyant un "RSVP". Une fois que vous avez envoyé votre réponse, vous vous préparez à la fête à venir. Il y a également des étapes que nous devons franchir lorsque nous donnons notre "oui" au Seigneur.

## OBJECTIF DE CE MODULE

- Comprendre l'importance d'être préparé

- Apprendre pourquoi Dieu nous fait passer par la préparation

- Étudier la vie d'autres personnes que Dieu a fait passer par le processus de préparation.

- Apprendre comment Dieu utilise les expériences de notre vie pour nous préparer.

# Esther
## A Sauvé La Nation

En composant cette étude biblique, le Seigneur a mis sur mon cœur de plonger dans l'histoire d'Esther.

La préparation est la clé, Esther, une jeune fille vierge, nous donnera un meilleur aperçu de l'importance de la préparation. Elle était orpheline et confiée à son oncle Mardochée, suite au décès de ses parents. Le roi a émis un décret selon lequel il désirait de jeunes et belles vierges, dont l'une remplacerait la reine détrônée, Vashti. Prise dans la recherche de vierges par le roi, Esther est enlevée.

Cependant, à l'insu d'Esther, les préparatifs avaient déjà commencé pour accomplir son destin. Au cours de ce processus, elle a été éloignée de ce qui lui était familier, dans un environnement étranger et loin de ses proches. Elle était loin de se douter que son destin était d'empêcher le génocide de son peuple, les Juifs. Souvent, nous traversons la vie en ayant des morceaux du plan de Dieu pour nos vies. de Dieu pour nos vies, mais pendant tout ce temps nous sommes préparés pour quelque chose de plus grand.

Esther était très humble et écoutait attentivement les instructions de son oncle de ne dire à personne quelle était sa race. Alors qu'elle était sur le point de se présenter devant le roi, elle a été purifiée pendant un an, six mois avec de l'huile de myrrhe et six mois avec des parfums et des traitements de beauté, sous la garde d'Hégaï. Hégaï était l'eunuque du roi et le surveillant de la maison des femmes. Les écritures nous disent qu'Esther a gagné les faveurs d'Hégaï et qu'il lui a volontiers donné des préparations de beauté en plus de ce qu'elle était censée recevoir, il s'est également assuré qu'elle avait sept servantes pour s'occuper d'elle et lui a donné la meilleure place dans la maison des femmes. La bible explique,

*15 Lorsque son tour d'aller vers le roi fut arrivé, Esther, fille d'Abichaïl, oncle de Mardochée qui l'avait adoptée pour fille, ne demanda que ce qui fut désigné par Hégaï, eunuque du roi et gardien des femmes. Esther trouvait grâce aux yeux de tous ceux qui la voyaient. 17 Le roi aima Esther plus que toutes les autres femmes, et elle obtint grâce et faveur devant lui plus que toutes les autres jeunes filles. Il mit la couronne royale sur sa tête, et la fit reine à la place de Vasthi. (Esther 2:15,17)*

Puisque nous servons un Dieu omniscient, il a stratégiquement placé Esther à l'endroit prédestiné. Il savait que cela la préparerait aux objectifs et aux plans qu'il avait pour elle. Tout au long de ce processus, Esther est restée humble et s'est soumise à son oncle Mardochée, a recherché la sagesse d'Hégaï, a été hautement favorisée et a finalement été choisie comme reine.

Il y a TOUJOURS une image plus grande que celle que nous pouvons voir. Comme nous l'avons vu dans le livre crée avec Crainte et Merveille, le roi David explique que Dieu nous a tricotés ensemble. Lorsqu'on tricote, on commence par une simple pelote de fil en formant un point de chaînette et ce n'est que lorsque les motifs commencent à se former ensemble que l'objet prévu peut enfin être réalisé. La providence divine a placé Esther sur les lieux du génocide imminent des Juifs. Lorsque Mardochée lui a demandé de l'aide, Esther a répondu en disant ,

**LE SAINT ESPRIT MURMURE**

**11** *Tous les serviteurs du roi et le peuple des provinces du roi savent que tout homme ou femme qui entre dans la cour intérieure auprès du roi, et qui n'a pas été appelé, n'a qu'une seule loi : les mettre tous à mort, sauf celui à qui le roi tend le sceptre d'or, afin qu'il vive. Or, moi-même, je n'ai pas été appelé à entrer chez le roi ces trente derniers jours.* (Esther 4:11)

Esther a été confrontée au choix d'affronter la mort pour sauver son peuple ou de se cacher derrière sa nouvelle position de reine. Esther, au milieu de l'incertitude et de la peur, a appelé à un jeûne de trois jours et a fait la déclaration suivante : "**16** ... Si je péris, je péris." (Esther 4:16)

Nous voyons qu'Esther a choisi d'accepter plusieurs invitations, l'obéissance à la demande de ses oncles de garder le silence sur son héritage, l'offre du roi de devenir reine, la demande de Mardochée d'aller devant le roi, la mission de sauver son peuple. Dieu élabore un plan et cherche ensuite à voir si nous nous soumettrons au plan qu'il a pour nous. Dans notre temps de préparation, nous devons rester proches pour reconnaître quand Dieu est en mouvement, nous devons marcher dans l'humilité et obéir aux instructions qui nous sont données pour la victoire. Les aides divines de Dieu sont tout autour de nous pour nous assister à chaque phase de son plan. Esther a traversé avec succès le processus de préparation, s'est imposée la discipline nécessaire et a pu sauver une nation. Imaginez seulement que si elle avait décliné l'invitation, que se serait-il passé si les Juifs avaient été anéantis ? Cela aurait pu affecter toute la lignée de Jésus ; Esther était la nièce du roi David.

Chacun de nous doit passer par des saisons de préparation de Dieu pour que notre but sur terre soit accompli. Beaucoup sont en train d'être préparés maintenant, même si vous n'en êtes peut-être pas conscients. Tout ce que vous rencontrez dans votre vie n'était peut-être pas le plan initial de Dieu pour votre vie, mais il peut certainement tout retourner pour que vous en profitiez pour de bon.

**NOTES**

# Questions de Réflexion

Dans un endroit calme, réfléchissez à ce que vous ressentez, à ce qui vous a frappé dans ce module et à ce que le Seigneur vous a dit. Prenez le temps de répondre aux questions ci-dessous.

> **VEZ-VOUS L'IMPRESSION QUE DIEU VOUS A PRÉPARÉ À QUELQUE CHOSE EN FONCTION DE VOS EXPÉRIENCES DE VIE ? SI OUI, EXPLIQUEZ. SI NON, COMMENCEZ À CHERCHER DIEU POUR SAVOIR QUELLES EXPÉRIENCES DE VIE IL A UTILISÉES POUR VOUS PRÉPARER À SON PLAN POUR VOUS.**

> **AVEZ-VOUS L'IMPRESSION D'AVOIR TRAVERSÉ LE PROCESSUS DE PRÉPARATION DANS L'OBÉISSANCE OU LA RÉSISTANCE ? RÉFLÉCHISSEZ À VOS EXPÉRIENCES, AVEZ-VOUS VÉCU LA MÊME SITUATION PLUS D'UNE FOIS ? SOYEZ HONNÊTE, SI C'EST LE CAS, COMMENCEZ À CHERCHER DIEU EN DEMANDANT CE QUI EST NÉCESSAIRE POUR PASSER CETTE PHASE PARTICULIÈRE DU PROCESSUS DE PRÉPARATION.**

# Questions de Réflexion
**SUITE**

**LA PEUR VOUS EMPÊCHE-T-ELLE D'ENTRER DANS VOTRE BUT ? SI OUI, QUELLE EST LA SOURCE DE CETTE PEUR - VOIR LE TRÉSOR DE PRIÈRE**

# Il est temps d'Advancer!

Un excellent moyen de se positionner pour entendre clairement Dieu est de jeûner. Le jeûne consiste à s'abstenir de nourriture pendant un certain temps afin de rechercher les instructions de Dieu. C'est une discipline spirituelle, vous échangez le désir de nourriture naturelle qui nourrit votre corps contre de la nourriture spirituelle (prière, lecture de la bible). Cela place les besoins spirituels au-dessus de la chair, vous rapprochant ainsi de Dieu. Une fois que vous commencez à entendre Dieu, demandez s'il y a des outils tangibles dont vous pourriez avoir besoin pour commencer à entrer dans la destinée. Enfin, priez pour savoir dans quels domaines le Seigneur vous a préparé à entrer. Ne faites aucune supposition dans ce domaine, Dieu est très probablement en train de faire quelque chose dont vous n'avez aucune idée.

## Jeûne

Prenez un jeûne d'un à trois jours pour demander à Dieu des instructions qui vous prépareront à vos prochaines étapes. Le jeûne peut être constitué d'eau seulement, de liquides seulement ou d'un repas par jour. Si vous avez des problèmes de santé, consultez votre médecin et Dieu pour savoir ce qui vous convient le mieux.

## Cherchez

Commencez à chercher Dieu pour voir s'il y a des outils tangibles dont vous pourriez avoir besoin pour vous préparer. Par exemple, l'éducation, la formation, les fournitures, le transport, les collaborations, etc.

## Prie

Demandez à Dieu dans quels domaines il vous a préparé (domaines que vous ne connaissez pas encore).

ÊTRE TROUVÉ EN TRAIN DE
FAIRE LA VOLONTÉ DE DIEU,
QUEL QU'EN SOIT LE PRIX.

# ... Si je dois périr, je périrai!

**ESTHER 4:16**

LE PROCESSUS DU BUT

## 03

# Le positionnement

ÊTES-VOUS ACTUELLEMENT POSITIONNÉ POUR UN BUT ? VOUS AVEZ SOUVENT L'IMPRESSION QUE CE N'EST PAS LE CAS, MAIS PAR LA PROVIDENCE DE DIEU, VOUS L'ÊTES.

# Le Positionnement

Nous avons souvent l'impression d'être incapables de répondre à l'appel de Dieu sur nos vies parce que nous croyons que nous n'avons pas ce qu'il faut pour accomplir notre destinée. Nous pouvons penser que nous n'avons pas les compétences nécessaires, l'influence, les finances, la position dans la vie ou même le courage nécessaire pour tenir bon contre vents et marées. Ce module explique la providence de Dieu et comment Il positionne des personnes comme vous et moi, fournit toutes les ressources nécessaires et nous remplit de Son Esprit en nous donnant le courage, l'estime et les compétences nécessaires à l'accomplissement de notre but.

## OBJECTIF DU MODULE

- Prendre conscience que nos insuffisances sont insignifiantes aux yeux de Dieu.

- Étudier des exemples de la manière dont Dieu positionne son peuple

- Découvrir l'importance des détails pour Dieu

- Comprendre comment Dieu va vous positionner stratégiquement pour votre destinée.

Explorons l'histoire et la vie de deux hommes qui ont été stratégiquement positionnés et utilisés par Dieu dans un grand dessein. En raison du péché d'Israël, le roi Nabuchodonosor avait emmené les enfants d'Israël en captivité et brûlé la ville et le temple. Après 70 ans de captivité, le roi Cyrus a conquis les Babyloniens et a permis aux Juifs de rentrer chez eux après leur exil pour reconstruire le temple et le culte. Nous arrivons environ 20 ans après que les Juifs soient sortis de captivité, ils rétablissaient la ville, cultivaient leurs terres, construisaient leurs maisons, mais ils n'avaient pas encore achevé la reconstruction du temple de Dieu. À l'instigation des prophètes Aggée et Zacharie, Zorobabel et Josué ont été chargés par Dieu de reconstruire le temple.

Le prophète Aggée nous donne un aperçu plus approfondi, car Josué et Zorobabel ont répondu à l'invitation par un "oui" retentissant. Le Seigneur les a stimulés, leur a promis qu'il ne les abandonnerait pas et les a encouragés à ne pas avoir peur. Dieu leur a également promis que, même si le temple ne ressemblait pas à grand-chose dans son état actuel, la gloire de la maison du Seigneur serait plus grande que celle du premier temple.

*6 6.Car ainsi parle l'Éternel des armées: Encore un peu de temps, Et j'ébranlerai les cieux et la terre, La mer et le sec; 7 J'ébranlerai toutes les nations; Les trésors de toutes les nations viendront, Et je remplirai de gloire cette maison, Dit l'Éternel des armées.*

**LE SAINT ESPRIT MURMURE**

*8 L'argent est à moi, et l'or est à moi, Dit l'Éternel des armées.*
*9. La gloire de cette dernière maison sera plus grande Que celle de la première, Dit l'Éternel des armées; Et c'est dans ce lieu que je donnerai la paix, Dit l'Éternel des armées.." (Aggée 2:6-9)*

## Le Gouverneur

Zorobabel était de la maison du roi David, ce qui signifie qu'il était de la lignée royale et qu'il était le gouverneur de la Jérusalem reconstruite. Le prophète Aggée a entendu les paroles du Seigneur dans Aggée 2:20- 23, indiquant clairement qu'il avait choisi Zorobabel pour diriger le peuple et achever la reconstruction du Temple. Dieu a montré à Aggée qu'il avait fait de Zorobabel sa chevalière. C'était important car le sceau est un sceau utilisé officiellement pour donner à son détenteur une autorité personnelle. En substance, Dieu disait qu'il avait ordonné les étapes de Zorobabel jusqu'à ce point et lui avait donné l'autorité sur la terre pour la reconstruction du Temple.

Notez bien, c'était une onction d'achèvement comme nous le verrons plus tard, vous voyez que Zorobabel avait posé la fondation initiale du temple, cependant il n'avait pas été achevé.

*12 Zorobabel, fils de Schealthiel, Josué, fils de Jotsadak, le souverain sacrificateur, et tout le reste du peuple, entendirent la voix de l'Éternel, leur Dieu, et les paroles d'Aggée, le prophète, selon la mission que lui avait donnée l'Éternel, leur Dieu. Et le peuple fut saisi de crainte devant l'Éternel.*
*14 L'Éternel réveilla l'esprit de Zorobabel, fils de Schealthiel, gouverneur de Juda, et l'esprit de Josué, fils de Jotsadak, le souverain sacrificateur, et l'esprit de tout le reste du peuple. Ils vinrent, et ils se mirent à l'oeuvre dans la maison de l'Éternel des armées, leur Dieu, (Aggée 1:12,14)*

## Josué Le Souverain Sacrificateur

Dieu a également placé Josué, fils de Jehozadakin, à l'autorité pour la reconstruction du Temple. Il était un grand prêtre de la lignée d'Aaron et nommait des lévites pour superviser les travaux du Temple.

Dieu a donné au prophète Zacharie une vision concernant Josué qui a contribué à confirmer les plans de Dieu pour Josué. Comme Josué représentait le sacerdoce, le peuple viendrait à lui le jour des expiations pour être purifié de ses péchés. Dans la vision de Zacharie (Zacharie 3:3-5), Josué se tient devant l'ange du Seigneur et Satan. Satan se tient prêt à s'opposer à Josué, nous savons que Satan est l'accusateur des frères. Cependant, la première chose que fait l'Ange du Seigneur est de réprimander satan ! Il donne ensuite l'ordre à ceux qui sont avec lui de purifier Josué, d'enlever ses vêtements sales et de lui ôter ses péchés.

Dans notre prochain module, nous approfondirons les types et les présages qui expliquent une plus grande image de la position de Zorobabel et de Josué. Cependant, il est crucial que nous comprenions que Dieu était préoccupé par la reconstruction du temple, mais il était encore plus préoccupé par le retour des cœurs du peuple à Lui. Ils avaient glissé dans le péché de désobéissance.

Puisque Josué, en tant que prêtre, représentait le peuple devant Dieu, la vision de Zacharie décrivait l'état du peuple, le droit légal que l'ennemi avait de l'attaquer à cause de son péché et la grâce de Dieu qui avait envoyé son Fils pour effacer les péchés non seulement des Juifs mais du monde entier.

Alors que nous entrons dans le but, il est crucial que nous soyons des vases que Dieu peut utiliser. Il veut nous purifier, nous guérir et déverser son Esprit en nous afin que, lorsque nous sortons, nous puissions le représenter dans toute sa gloire et sa puissance. Sa puissance est alors disponible pour apporter la transformation aux personnes brisées, malades et en captivité. Notre désir est de porter Sa présence afin d'accomplir notre objectif et d'obtenir les résultats qu'Il a prévus dès le début.

Avant la naissance de Josué et de Zorobabel, Dieu avait en tête le but précis de la reconstruction du temple. Il les a placés de manière complexe dans les lignées spécifiques qui leur permettraient d'être positionnés dans les secteurs gouvernementaux et religieux. Ils étaient à la fois bien connus et honorés parmi le peuple. Ils venaient également des tribus désignées par Dieu pour construire le temple et prendre soin du peuple de Dieu. Leur vie était prédestinée, ce qui les a amenés à être en position lorsque le temps de la reconstruction du temple serait venu. Comme nous l'avons mentionné précédemment, Dieu ne les a pas forcés ou contraints à accomplir ce but prédestiné, il leur a donné le choix, tout comme il nous le donne à nous. Ils auraient pu dire non, mais comme nous le voyons, ils ont tous deux répondu à l'invitation par un oui retentissant !

# Questions de Réflexion

Dans un endroit calme, réfléchissez à ce que vous ressentez, à ce qui vous a frappé dans ce module et à ce que le Seigneur vous a dit. Prenez le temps de répondre aux questions ci-dessous.

**AVEZ-VOUS ÉTÉ STAGNANT, NE VOYANT AUCUNE CROISSANCE DANS VOTRE VIE, VOTRE MINISTÈRE, VOTRE ENTREPRISE, VOTRE DESTINÉE ? EXPLIQUER**

**AVEZ-VOUS ÉTÉ STAGNANT, NE VOYANT AUCUNE CROISSANCE DANS VOTRE VIE, VOTRE MINISTÈRE, VOTRE ENTREPRISE, VOTRE DESTINÉE ? EXPLIQUER**

**ÊTES-VOUS ACTUELLEMENT DANS UN POSTE OÙ VOUS AVEZ LA POSSIBILITÉ D'AVOIR UN IMPACT IMPORTANT ?**

# Questions de Réflexion
SUITE

**QU'AVEZ-VOUS FAIT DU POSTE DANS LEQUEL VOUS AVEZ ÉTÉ PLACÉ ?**

**EN REGARDANT VOTRE VIE, POUVEZ-VOUS VOIR OÙ DIEU VOUS A POSITIONNÉ DANS UN BUT PRÉCIS ? SI OUI, EXPLIQUEZ**

# Il est temps d'Advancer!

La repentance nous aide à nous réaligner sur notre objectif. Le peuple avait glissé dans le péché en menant sa vie nouvellement rétablie, ignorant complètement l'instruction de construire le temple. Assurez-vous que vous n'avez rien fait qui puisse entraver votre progression dans la destinée. Deuxièmement, il est crucial que nous soyons en phase avec ce que Dieu fait sur terre, priez pour savoir si vous êtes correctement positionné au travail, à l'église ou dans les affaires, afin d'être aligné. Enfin, il peut être difficile d'abandonner les rêves que vous aviez pour votre vie, toute votre vie. Dieu a peut-être un plan différent ou même un chemin différent à prendre pour y arriver. Demandez à Dieu de vous donner la force et la capacité de vous aligner sur sa volonté pour vous.

## Repentez-vous

Prenez le temps de vous repentir. Laissez au Saint-Esprit le temps de parler des domaines de votre vie qui entravent votre prochaine démarche auprès de Dieu.

## Prie

Commencez à chercher Dieu pour voir s'il vous positionne dans la nature ou dans l'Esprit pour un plus grand objectif et si votre position actuelle est alignée avec son objectif.

## Demandez

Demandez à Dieu de vous aider à dire "oui" à ses desseins et à ses plans pour votre vie.

**VOUS ÊTES LA SIGNATURE DE DIEU SUR LA TERRE**

… 'Je te prendrai, Zorobabel, fils de Schealthiel, Mon serviteur, dit l'Éternel, Et je te garderai comme un sceau; Car je t'ai choisi…

AGGEE 2:23

LE PROCESSUS DU BUT

*03*

# Le Positionnement pt. 2

DIEU EST TOUJOURS DANS LES DÉTAILS, POUR LA GRANDE IMAGE. AVEZ-VOUS SA VISION ?

# Le Positionnement pt. 2

En examinant le positionnement de Zorobabel et de Josué, ainsi que la vie des prophètes que Dieu a utilisés pour inciter à la reconstruction du temple, nous pouvons commencer à voir une image plus large. Tout au long de la Bible, on trouve des types et des ombres de choses à venir. Dieu utilise des symboles, des visions, des rêves et d'autres moyens pour nous indiquer les promesses futures. Il le fait pour nous rassurer, nous donner une vision de l'avenir et nous aider à nous préparer et à nous positionner pour ce qui est à venir

Il y avait certainement un message plus profond que Dieu exprimait dans les détails de ce qu'il partageait avec son peuple. Nous allons plonger un peu plus profondément, mais commençons par comprendre. Qu'est-ce qu'un type, une ombre ou un symbole dans le contexte de la Bible ? Un type, une ombre, un modèle ou une figure est une annonce prophétique d'événements futurs.[4]

**OBJECTIF DU MOULE**

- Voir du point de vue de Dieu

- Comprendre comment Dieu indique toujours un objectif plus grand.

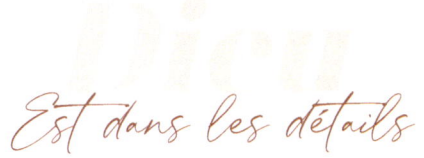

## Dieu est dans les détails

Dieu est vraiment dans les détails, nous voyons ici qu'il s'est préoccupé de chaque détail complexe concernant tous ceux qui ont été impliqués dans la reconstruction du temple. Nous pouvons même le voir dans le nom des personnes qu'Il a utilisées pour cette grande mission. Selon Wikipedia, Zorobbabel en hébreu signifie sceau et chevalière [5], le nom Zacharie signifie Dieu s'est souvenu [6], Josué signifie YHWH (Dieu) est le salut [7], le nom Aggée signifie ma fête [8]. En examinant cela de plus près, nous voyons que Dieu a utilisé un prophète nommé Zacharie, ce qui signifie "Yahvé se souvient", pour rappeler au peuple qu'il n'a jamais oublié la promesse qu'il a faite de reconstruire le temple.

Cependant, il ne s'agissait pas seulement d'une promesse de reconstruction du temple physique, mais d'une préfiguration de la venue du Messie. Dieu rappelait également à son peuple qu'il enverrait un autre temple, son Fils Jésus. Souvenez-vous, Jésus leur répondit : "Détruisez ce temple, et en trois jours je le relèverai." *(Jean 2:19)* Il y fait également référence dans Aggée, lorsqu'il dit : "La gloire de cette dernière maison (Temple) sera plus grande que celle de la première, dit l'Éternel des armées ; et dans ce lieu je donnerai la paix, dit l'Éternel des armées" *(Aggée 2:9)*. La gloire du Temple du Seigneur serait bien plus grande que tout temple physique qu'ils pourraient construire. Dieu les rassurait en leur disant qu'il ne les avait pas oubliés en exil, qu'il avait une vision pour leur avenir et que la venue du Messie était à l'horizon

**LE SAINT ESPRIT MURMURE**

Alors même que le nom de Zorobabel signifie sceau et chevalière, Dieu s'adresse au prophète Aggée pour lui dire qu'il prendra Zorobabel, son serviteur, et en fera une chevalière, car il l'a choisi (Aggée 2:23). Nous avons appris précédemment qu'une autorité était donnée avec la chevalière, tout comme Jésus a reçu une autorité sur la terre lorsqu'il est venu en tant qu'homme. De plus, le rôle de Josué, en tant que Grand Prêtre, était de faire l'expiation des péchés des peuples par un agneau sans tache. La vision que Zacharie a eue de Josué, celui dont le nom signifie "YHWH est le salut", décrit en détail comment il se tenait devant le Seigneur, ce qui constitue une image littérale de Jésus, le Grand Prêtre, prenant nos péchés.

## Prophète, Prêtre & Roi

Creusons un peu plus et voyons quels autres joyaux cachés nous pouvons dénicher. En examinant la dynamique des vases choisis par Dieu, nous pouvons clairement voir la préfiguration de Jésus en tant que prophète, prêtre et roi. Zacharie et Aggée étaient tous deux prophètes à cette époque. Chaque détail a été précisément conçu pour indiquer le Christ.

Josué et Zorobabbel n'ont pas été choisis par hasard ; ils ont été spécifiquement choisis pour faire savoir au peuple que la promesse de Dieu d'envoyer Jésus se réaliserait. En lisant Zacharie 6:11-13, Dieu donne des instructions concises pour que des couronnes soient fabriquées en argent et en or. Une couronne devait être placée sur la tête de Josué, le grand prêtre. Josué était un Grand Prêtre, et il était couronné comme un type du Christ, qui serait le Grand Prêtre en chef.

Josué était Grand Prêtre et maintenant, avec le placement de la couronne sur sa tête, nous voyons l'ombre de Jésus-Christ qui est à la fois Prêtre et Roi. Tout comme Josué était un bâtisseur du temple, Jésus serait un maître-bâtisseur.

L'autre couronne devait être conservée comme un mémorial (Zacharie 6:14) pour la "BRANCHE" à venir. Nous comprenons que ce Rameau est Jésus, comme expliqué dans ce passage, qui sera le Capitaine en chef de notre salut. Dieu a ensuite ordonné à Zacharie de parler à Josué en disant : "Voici l'homme dont le nom est Rameau ! (Zacharie 6:12a)

Nous comprenons que ce Rameau est Jésus, comme expliqué dans ce passage,

*11 De la tige de Jessé sortira un bâton, et de ses racines poussera un rejeton.*

*Comme nous lisons plus loin dans le passage, il est dit,*

*12 Et tu lui diras : Ainsi parle l'Éternel des armées : Voici l'homme dont le nom est le Rameau ; il sortira de sa place, et il bâtira le temple de l'Éternel 13 Oui, il bâtira le temple de l'Éternel. Il portera la gloire, Il s'assiéra et dominera sur son trône, Il sera sacrificateur sur son trône, Et le conseil de paix sera entre eux deux. (Zacharie 6:11-13)*

*Zorobabel était un ancêtre du Christ, étant de lignée royale et dans le gouvernement choisi pour reconstruire le temple. Il existe des similitudes entre Jésus et Zorobabel.*

*Ésaïe a déclaré que le gouvernement serait sur les épaules de Jésus, c'est-à-dire le gouvernement du Royaume de Dieu (Ésaïe 9:6). Tout comme Zorobabel, Jésus était aussi un réparateur de brèches envoyé en mission pour réparer ce qui avait été détruit.*

**NOTES**

**12** *Les tiens rebâtiront sur d'anciennes ruines, Tu relèveras des fondements antiques; On t'appellera réparateur des brèches, Celui qui restaure les chemins, qui rend le pays habitable. (Ésaïe 58:12)*

LE SAINT ESPRIT MURMURE

Le sang royal de Zorobabel montre l'onction et l'autorité royales de Jésus pour redresser ce qui est faux et faire descendre le royaume des cieux sur la terre. Nous avons également la promesse que, tout comme Zorobabel a posé les fondations et les achèvera, l'œuvre de Jésus-Christ sera également achevée à travers la croix.

## Régnant sur la Terre

Vous vous demandez peut-être : "Que signifie tout cela pour moi MAINTENANT ?" Zorobabel et Josué sont aussi des images de nous. Une fois que nous avons accepté l'invitation, que nous avons été préparés et que nous sommes positionnés, nous pouvons marcher dans sa PLEINE autorité, choisis comme ses chevalières pour accomplir notre but et notre destinée ici sur terre. Josué représente le rôle sacerdotal de Jésus et Zorobabel représente le rôle royal de Jésus dans lequel nous nous trouvons maintenant sur terre. *1 Pierre 2:9* dit,

> 9 "*Vous, au contraire, vous êtes une race élue, **un sacerdoce royal**, une nation sainte, un peuple acquis, afin que vous annonciez les vertus de celui qui vous a appelés des ténèbres à son admirable lumière,*
> -1 Peter 2:9

Ainsi, vous pourrez montrer aux autres la bonté de Dieu, car Il vous a appelés des ténèbres à sa merveilleuse lumière. Notre mission est de comprendre et d'opérer dans notre rôle royal d'autorité et notre rôle sacerdotal d'annoncer la Parole de Dieu ici sur la terre. Ces rôles nous donnent la position dont nous avons besoin pour atteindre notre objectif. La compréhension de votre identité joue un rôle majeur dans votre confiance et votre assurance en Christ pour entrer dans votre destinée.

L'identité et la confiance en Christ sont cruciales pour marcher dans le but que l'on s'est fixé. Par exemple, en tant que roi ou reine, vous promèneriez-vous comme un pauvre ?

Absolument PAS ! Si vous savez que vous êtes de la royauté et que vous possédez un grand niveau d'autorité, vous vous porteriez dans une posture d'autorité et de puissance parce que vous êtes la ROYAUTÉ !

Souvent, nous périssons par manque de connaissance. (Osée 4:6) Nous devons connaître et vivre dans l'autorité et l'identité que Dieu nous a données

*Vous êtes la royauté, il est temps que vous Régniez*

- RENELE AWONO

# Questions de Réflexion

Dans un endroit calme, réfléchissez à ce que vous ressentez, à ce qui vous a frappé dans ce module et à ce que le Seigneur vous a dit. Prenez le temps de répondre aux questions ci-dessous.

**QU'EST-CE QU'UN TYPE, UNE OMBRE, UN SYMBOLE, UNE FIGURE ? POURQUOI ÉTAIT-CE IMPORTANT AU TEMPS DE L'EXIL ?**

**EN REGARDANT VOTRE VIE, QUELS DÉTAILS POUVEZ-VOUS VOIR QUE DIEU A MIS EN PLACE DE MANIÈRE COMPLEXE ?**

**QUELLE EST LA SIGNIFICATION D'UNE CHEVALIÈRE ?**

**DE QUELLE MANIÈRE POUVEZ-VOUS MAINTENANT MARCHER DANS VOTRE PLEINE AUTORITÉ DONNÉE PAR DIEU ?**

# Il est temps d'Advancer!

Dieu nous a donné l'autorité sur la terre, comme nous l'avons vu dans ce module. Si nous n'en avons pas une pleine compréhension, cela peut nous paralyser et nous empêcher d'avancer avec une pleine confiance en tant que fils et filles du Roi. Prenez le temps de chercher ce qui vous a entravé, en découvrant ces choses, soyez conscient que certaines choses peuvent être évidentes pour vous et d'autres sont cachées, mais le Saint-Esprit connaît toutes choses. Enfin, jetez un coup d'œil à la liste des obstacles et élaborez, par la prière, une liste de moyens pour surmonter ces obstacles. Laissez le Saint-Esprit vous guider sur la manière de remporter la victoire.

## Cherchez

Recherchez et mémorisez cinq passages de la Bible qui montrent où Dieu vous a donné l'autorité sur la terre.

## Listez

Faites une liste de tout ce qui vous a empêché de marcher dans votre pleine autorité, puis priez pour que tout ce qui figure sur votre liste soit supprimé.

## Surmonter

Dressez une liste des moyens qui vous permettront de **surmonter** les obstacles qui vous ont empêché de marcher à l'intérieur de l'autorité

S'IMMISCER DANS SON AUTORITÉ

… Vous, au contraire, vous êtes une race élue, un sacerdoce royal, une nation sainte, un peuple acquis

1 PIERRE 2:9

LE PROCESSUS DU BUT

*04*

## Le But

MARCHER DANS VOTRE BUT ORDONNÉ PAR DIEU EST D'UNE IMPORTANCE CRITIQUE, MAIS POURQUOI ?

# Le But

Alors, à quoi cela sert-il de réaliser son objectif? Après tout, vous avez peut-être l'impression d'être une seule personne dans un océan de milliards de personnes, et vous vous demandez quelle différence je peux faire. Souvent, nous nous dissuadons d'être grands parce que nous nous sentons insignifiants. Beaucoup de gens croient que leur contribution ne fera pas une grande différence, alors ils se replient sur leurs vies banales, ce qui ne pourrait pas être plus éloigné de la vérité !

## OBJECTIF DE CE MODULE

- Découvrez ce qui se passe lorsque nous acceptons l'invitation de Dieu

- Pour vous activer dans but

- Comprendre la volonté de Dieu pour toi

- Pour vous renforcer dans la poursuite de votre objectif

> **Voici le commencement de la sagesse: Acquiers la sagesse, Et avec tout ce que tu possèdes acquiers l'intelligence.**
>
> -PROVERBES 4:7

Souvent, notre ignorance nous empêche d'entrer pleinement dans la manifestation de la gloire de Dieu dans nos vies. Entrer dans votre destinée et vivre dans le but pour lequel vous avez été créé est plus lourd que vous ne l'avez peut-être imaginé. Examinons pourquoi vous avez été créé, pourquoi vous avez reçu Son autorité et pourquoi il est impératif que vous poursuiviez votre but, aujourd'hui.

## POUR PLAIRE AU SEIGNEUR

*Aggée 1:7-8 explique, "Ainsi parle l'Éternel des armées: Considérez attentivement vos voies! Montez sur la montagne, apportez du bois, Et bâtissez la maison: J'en aurai de la joie, et je serai glorifié, Dit l`Éternel.*

Il nous a appelés à une destinée et à un but spécifiques, il lui plaira de nous voir faire ce pour quoi nous avons été créés.

## MANIFESTER LA GLOIRE DE DIEU SUR LA TERRE

C'est le moment où Il veut apporter la dernière gloire sur la terre. Tout comme Zorobabel et Josué ont été chargés de construire le temple, nous sommes chargés d'apporter la manifestation de son royaume ici sur terre.

son royaume ici sur la terre. Lorsque nous marchons dans notre but, en collaborant avec Lui, nous sommes ceux qui apportent la dernière gloire sur la terre.

Il nous prépare MAINTENANT afin que nous puissions être en position de recevoir et de donner cette gloire sur la terre.

> **I Decree & Declare that I am a Craftsman sent by God to terrify the enemy!**

## MONTRER LA SAGESSE MULTIPLE DE DIEU AUX PRINCIPAUTÉS

*Afin que les dominations et les autorités dans les lieux célestes connaissent aujourd'hui par l'Église la sagesse infiniment variée de Dieu, (Eph. 3:10)*

En utilisant le don avec lequel Dieu nous a créés, nous montrons la sagesse multiple de Dieu aux principautés - (multiple): beaucoup - coloré -

Nous montrons les manières infinies dont Dieu utilise Son peuple et la sagesse infinie que Dieu a sur l'ennemi.

Certains peuvent être des intercesseurs, d'autres peuvent faire la guerre contre les adversaires, d'autres peuvent recevoir des révélations critiques, d'autres peuvent être comme les fils d'Issachar qui discernent les temps et les saisons.

La façon dont Dieu nous utilise pour montrer sa sagesse est innombrables.

## POUR TERRIFIER L'ENNEMI

*Je dis à l'ange qui parlait avec moi: Qu'est-ce que ces cornes? Et il me dit: Ce sont les cornes qui ont dispersé Juda, Israël et Jérusalem. L'Éternel me fit voir quatre forgerons. Je dis: Que viennent-ils faire? Et il dit: Ce sont les cornes qui ont dispersé Juda, tellement que nul ne lève la tête; et ces artisans sont venus pour les terrifier, et pour abattre les cornes des nations qui ont levé la corne contre le pays de Juda, afin d'en disperser les habitants.." Zacharie 1:19-21*

L'ennemi est venu contre l'église en essayant de couper le nom d'Israël. Lorsque nous agissons, chacun de nous dans son don unique, nous terrifions et jetons satan à terre.

Remarquez comment le mot "artisans" est utilisé ici. C'est un exemple de la manière dont Dieu utilisera vos dons, talents, compétences, sagesse, prières pour démanteler totalement l'ennemi. Dieu utilise les multiples façons colorées dont il opère à travers nous pour terrifier l'ennemi.

Lorsque nous réalisons notre dessein, nous plaisons au Seigneur, nous terrifions l'ennemi, nous manifestons la gloire de Dieu, nous montrons la sagesse multiple de Dieu et nous terrifions l'ennemi ! Nous devons être intentionnels dans la recherche et la réalisation de notre destinée. Lorsque vous vous remplissez, déversez et donnez, les choses qui ont pu vous retenir en esclavage ne peuvent plus garder leur emprise car vous commencerez à vous élever. Les aigles voient une proie au loin, ils descendent en piqué, ramassent leur proie et montent à des hauteurs inimaginables. Une fois qu'il a atteint son apogée, sa proie a déjà trouvé la mort car elle ne peut pas supporter l'altitude à laquelle l'aigle prospère. Il est temps pour vous de vous élever. Vous remarquerez également que les petites choses qui étaient auparavant des irritants dans votre vie commencent à rouler sur votre dos, en raison de votre poursuite de la volonté de Dieu pour votre vie. Il n'y aura plus de temps pour ces choses insignifiantes qui ne sont pas liées à la destinée.

## LE SAINT ESPRIT MURMURE

# Questions de Réflexion

Dans un endroit calme, réfléchissez à ce que vous ressentez, à ce qui vous a frappé dans ce module et à ce que le Seigneur vous a dit. Prenez le temps de répondre aux questions ci-dessous

**COMMENT MONTRER AUX PRINCIPAUTÉS ET AUX PUISSANCES LA SAGESSE MULTIPLE DE DIEU ?**

**QUI SONT LES ARTISANS MENTIONNÉS DANS ZACHARIE 1 : 21 ? QUEL EST LEUR BUT?**

**MAINTENANT QUE VOUS CONNAISSEZ LE BUT DE L'"INVITATION" DE DIEU, QUE FEREZ-VOUS POUR RECEVOIR ET MANIFESTER LA DERNIÈRE GLOIRE DE DIEU ICI SUR TERRE ?**

# Il est temps d'Advancer!

Marcher dans un but précis doit être intentionnel. Bill Johnson a dit : "Vous pouvez avoir un certain succès en faisant d'autres choses, mais quand il s'agit de faire ce pour quoi vous avez été créé, il y aura un combat". Il est important que vous progressiez quotidiennement vers votre objectif afin de pouvoir accomplir tout ce qui a été discuté dans ce module. Dans tout ce que nous faisons, nous devons être soumis à Dieu, ce qui permet à ses plans et à ses objectifs de prendre forme dans nos vies. Enfin, recherchez les écritures qui vous propulsent dans la destinée. Il est essentiel de prononcer la Parole de Dieu sur votre vie. La Parole de Dieu ne sort jamais sans effet, elle travaillera toujours pour vous afin d'accomplir ce qui est ordonné par Dieu.

## Habitude

Développez 3 habitudes quotidiennes qui vous propulseront vers le but que Dieu a conçu pour vous.

## Prier

Priez la prière d'abandon qui figure dans le Trésor des prières.

## Listez

Dressez une liste des écritures qui confirment le dessein de Dieu pour votre vie et commencez à les déclarer sur votre vie.

MARCHEZ DANS VOTRE BUT ET
TERRIFIEZ L'ENNEMI

… mais les artisans sont venus pour les terrier, et pour abattre les cornes des nations qui ont levé la corne contre le pays de Juda, afin d'en disperser les habitants…

ZACHARIE 1:19-21

LE PROCESSUS DU BUT

## La Perfection

DIEU NOUS A DONNÉ LE PARFAIT EXEMPLE, JÉSUS. IL A POURSUIVI SON BUT SANS HÉSITATION ET VOUS LE POUVEZ AUSSI.

# La Perfection

Jésus nous donne un exemple sans faille de la marche dans le but. Jésus était à la fois tout Dieu et tout homme. Sa divinité et son humanité ont été décrites par Paul dans ce passage : **9** Car en lui habite corporellement toute la plénitude de la divinité. (Colossiens 2:9) Lorsqu'il est descendu sur terre en tant qu'homme, il avait un but précis et a commencé à l'accomplir dès qu'il a été divinement placé dans le ventre de Marie.

***7** Mais il s'est fait tout petit, prenant la forme d'un serviteur, étant né à la ressemblance des hommes. (Philippiens 2:7)*
Même si la majorité de ce que nous voyons dans les Écritures montre que Jésus a commencé son ministère à l'âge de trente ans, tout au long de sa vie, il a marché dans la destinée. Rejoignez-moi dans ce voyage pour glaner des informations auprès de Jésus, comme Il accomplit sa destinée ici sur terre.

### OBJECTIF DE CE MODULE

- Présenter l'EXEMPLE ultime de la poursuite de la destinée
- Découvrez les leçons de Jésus, pour vous aider à entrer dans votre destinée.
- Comprendre la providence de Dieu

## L'exemple Ultime

Jésus est né à Bethléem. Les spécialistes de la Bible pensent que Bethléem, située dans le "pays des collines" de Juda, pourrait être la même que l'Ephrath biblique, qui signifie "fertile", car il y est fait référence dans le Livre de Michée sous le nom de Bethléem Ephratah. La Bible l'appelle également Beth-Lehem Judah, et le Nouveau Testament la décrit comme la "Cité de David"[9]. Dès sa naissance, la Bible explique que Jésus,

**40**... *l'enfant croissait et se fortifiait. Il était rempli de sagesse, et la grâce de Dieu était sur lui. (Luc 2:40)*

En tant que jeune enfant, Jésus avait le sens du but et a accepté son invitation très tôt dans sa vie, nous le comprenons par son comportement à seulement douze ans. Au retour d'un pèlerinage annuel à Jérusalem, Marie et Joseph se rendent compte que Jésus a été oublié.

Ils y retournent pour le retrouver, trois jours plus tard, dans le temple, assis au milieu des docteurs, écoutant et posant des questions". (Luc 2:46) Lorsque Marie a demandé à Jésus pourquoi il était resté en arrière, sa réponse a été la suivante :

**49** "Pourquoi m'avez-vous cherché ? Ne savais-tu pas que je DOIS m'occuper des affaires de mon Père? (Luc 2:49) Jésus était dans une période de préparation à son appel. En tant que jeune adulte, on disait de Jésus qu'il était charpentier, comme l'était son père Joseph. À l'époque, il était courant que les fils exercent le métier de leur père.

**LE SAINT ESPRIT MURMURE**

En y regardant de plus près, nous voyons la préfiguration prophétique selon laquelle, alors qu'il était charpentier, il deviendrait plus tard la principale pierre angulaire, le fondement, celui sur lequel tout serait construit...

**6** *Voici, je mets en Sion une pierre angulaire, choisie, précieuse; Et celui qui croit en elle ne sera point confus.. (1 Pierre 2:6)*

Jésus, âgé de 30 ans, était encore en cours de préparation pour son ministère lorsqu'il a été conduit par l'Esprit dans le désert. Il passa quarante jours à jeûner et à être tenté par le diable jusqu'au moment où sa préparation serait achevée,

**14** *Jésus, revêtu de la puissance de l'Esprit, retourna en Galilée, et sa renommée se répandit dans tout le pays d'alentour. (Luc 4 :14)*

Lorsque sa saison de préparation s'est achevée, nous voyons qu'il est sorti rempli de la puissance du Saint-Esprit. C'est le résultat du fait qu'il a laissé le processus de préparation de Dieu sur sa vie suivre son cours. Dieu est si intentionnel avec nos vies et il ne fait jamais d'erreur.

**NOTES**

Jésus est né d'une vierge, ce qui était crucial pour le maintien de sa divinité. Il n'aurait pas pu être considéré comme le Fils de Dieu s'il était né par une semence humaine.

## LA BENEDICTION DE LA LIGNEE SANGUINE

Dans le même ordre d'idées, si nous approfondissons la lignée de Jésus-Christ, nous constatons que si Joseph n'était pas le père "naturel" de Jésus, il en était le père légal. Par conséquent, il portait le nom et la lignée de Joseph, ce qui plaçait Jésus dans la lignée de David. Voici un aperçu de la généalogie de Jésus-Christ (abrégée ici)

Abraham a engendré Isaac... Isaac a engendré Jacob... Obed a engendré Jessé... Jessé a engendré David le Roi... Jessé a engendré Zorobabel... Jacob a engendré Joseph, l'époux de Marie, de laquelle est né Jésus le Christ (Matthieu 1:2,5,6,12,16

Il était essentiel d'appartenir à la lignée de David, car la promesse de Dieu était que la descendance de David régnerait sur le trône pour ftoujours, au sens naturel et au sens spirituel. (2 Samuel 7) Cela évoque aussi prophétiquement Jésus, dont le Royaume n'a pas de fin.

33 Il régnera sur la maison de Jacob pour toujours, et son règne n'aura pas de fin. (Luc 1:33)

Cela nous donne un aperçu de l'une des façons dont Jésus a été positionné par Dieu pour accomplir sa destinée. Après avoir retracé la lignée de Jésus, je voudrais attirer votre attention sur Zorobabel. Nous avons vu plus tôt qu'il faisait partie de la lignée de David, comme l'indique Zacharie,

9 "Les mains de Zorobabel ont posé les fondements de ce temple ; ses mains l'achèveront aussi. Alors vous saurez que c'est l'Éternel tout-puissant qui m'a envoyé vers vous. Zorobabel a posé les fondations du Temple. (Zacharie 4:9)

N'est-il pas intéressant que Zorobabel, ayant posé les fondations du Temple & étant de la famille royale dans la lignée de David, soit la préfiguration prophétique du Christ, qui est le fondement sur lequel tout le reste est construit.

## LE BUT DE JESUS EN BREF

L'Écriture nous indique le but de Jésus tel qu'il est expliqué par Luc et Ésaïe.

**10** *Car le Fils de l'homme est venu chercher et sauver ce qui était perdu..* (Luc 19:10)

**18** *L'Esprit du Seigneur est sur moi, Parce qu'il m'a oint* **pour annoncer une bonne nouvelle aux pauvres; Il m'a envoyé pour guérir ceux qui ont le cœur brisé,** **19** **Pour proclamer aux captifs la délivrance, Et aux aveugles le recouvrement de la vue, Pour renvoyer libres les opprimés, Pour publier une année de grâce du Seigneur.**
(Luc 4:18-19)

**1** *Voici mon serviteur, que je soutiendrai, Mon élu, en qui mon âme prend plaisir. J'ai mis mon esprit sur lui;* **Il annoncera la justice aux nations.** *(Esaïe 42:1)*

**18** *Christ aussi a souffert une fois pour les péchés, lui juste pour des injustes,* **afin de nous amener à Dieu, ayant été mis à mort quant à la chair, mais ayant été rendu vivant quant à l'Esprit,**
(1 Pierre 3:18)

**8** *Bien qu'il fût un fils, il apprit l'obéissance par ce qu'il souffrit.* **9** *Et étant rendu parfait,* **il devint la source du salut éternel pour tous ceux qui lui obéissaient,**
(Hébreux 5:8-9)

---

**NOTES**

# Leçons dans Le But

Quelles leçons pouvons-nous tirer de la façon dont Jésus a atteint son but ? Comment Jésus a-t-il accompli son dessein ? Il savait quel était son but et s'efforçait de l'atteindre. Jésus était tellement déterminé qu'il a suivi la destinée qui lui avait été donnée, même si cela signifiait la mort. Quoi qu'il arrive, soyez disciplinés et déterminés à être et à faire tout ce pour quoi Dieu vous a créés.

*8 il s'est humilié lui-même, se rendant obéissant jusqu'à la mort, même jusqu'à la mort de la croix. (Philippiens 2:8)*

## IL A COMPRIS QUE SON BUT ÉTAIT PRÉDÉTERMINÉ

Il y a des livres dans le ciel où nos noms sont écrits et où tout ce qui concerne notre vie est exposé, comme mentionné précédemment dans Psaumes 139:16.

*Jésus le savait et s'est efforcé d'achever tout ce qui avait été écrit de lui à l'avance.*

*7 Alors j'ai dit: Voici, je viens (Dans le rouleau du livre il est question de moi) Pour faire, ô Dieu, ta volonté. (Hebreux 10:7)*

## IL A COMPRIS LE MOMENT OÙ SON MINISTÈRE DEVAIT COMMENCER

Le timing est important pour Dieu, il est crucial d'avancer en rythme et en phase avec Dieu. La bible l'explique,

*32 Des fils d'Issacar, ayant l'intelligence des temps pour savoir ce que devait faire Israël, deux cents chefs, et tous leurs frères sous leurs ordres. (1 Chroniques 12:32)*

Ici, Jésus savait qu'il n'était pas encore temps pour son ministère de commencer, même s'il a honoré la demande de sa mère.

*4 Jésus lui répondit: Femme, qu'y a-t-il entre moi et toi? Mon heure n'est pas encore venue." (Jean 2:4)*

## IL FAIT COMPRENDRE SA MISSION AUX APÔTRES

En tant que leader et enseignant, il a donné aux apôtres une vision qui leur a permis de voir plus loin que ce qui se passait pendant qu'il était avec eux. Alors que nous accomplissons notre destinée, cela peut inclure la préparation des autres pour ce qui est à venir dans diverses facettes de la vie, du ministère, de la dynamique du marché, dans la nation et au-delà.

*2 Mais il leur dit: Voyez-vous tout cela? Je vous le dis en vérité, il ne restera pas ici pierre sur pierre qui ne soit renversée. 3 Il s'assit sur la montagne des oliviers. Et les disciples vinrent en particulier lui faire cette question: Dis-nous, quand cela arrivera-t-il, et quel sera le signe de ton avènement et de la fin du monde? (Matthie 24:2-3)*

## IL AVAIT UNE GRANDE FOI

Jésus a fait preuve d'une grande foi. Il faut de la foi pour entrer dans sa destinée, il peut arriver que vous ne voyiez pas où vous allez, mais votre foi en Dieu vous mènera là où vous devez être à cette époque.

*22-24 Jésus prit la parole, et leur dit: Ayez foi en Dieu. Je vous le dis en vérité, si quelqu'un dit à cette montagne: Ote-toi de là et jette-toi dans la mer, et s'il ne doute point en son coeur, mais croit que ce qu'il dit arrive, il le verra s'accomplir. C'est pourquoi je vous dis: Tout ce que vous demanderez en priant, croyez que vous l'avez reçu, et vous le verrez s'accomplir. (Marc 11:22-24)*

## IL COMPRENAIT LE POUVOIR ET LA NÉCESSITÉ DE LA PRIÈRE

Il était persistant dans la prière tout en montrant l'importance de sa relation avec Dieu le Père. Une intimité constante dans la prière avec le Père vous aidera à Le connaître à un niveau plus profond ce qui augmentera votre foi et votre confiance en Lui et vous aidera à puiser dans les instructions sur la manière d'accomplir votre destinée.

*1 Jésus leur adressa une parabole, pour montrer qu'il faut toujours prier, et ne point se relâcher; (Luc 18:1)*

### IL CONNAISSAIT LA PAROLE DE DIEU

Il savait comment puiser dans la Parole de Dieu pour vaincre satan. Hebreux 4:12 explique,

*12 Car la parole de Dieu est vivante et efficace, plus tranchante qu'une épée quelconque à deux tranchants, pénétrante jusqu'à partager âme et esprit, jointures et moelles; elle juge les sentiments et les pensées du coeur..*

*5 Le diable le transporta dans la ville sainte, le plaça sur le haut du temple,*
*6 et lui dit: Si tu es Fils de Dieu, jette-toi en bas; car il est écrit: Il donnera des ordres à ses anges à ton sujet; Et ils te porteront sur les mains,*

*De peur que ton pied ne heurte contre une pierre. 7 Jésus lui dit: Il est aussi écrit: Tu ne tenteras point le Seigneur, ton Dieu.. (Matthieu 4:5-7)*

### IL ÉTAIT REMPLI DE L'ESPRIT SAINT ET DE PUISSANCE

Jésus a opéré avec puissance en démontrant des miracles, des signes et des prodiges. Sa relation avec le Père l'a renforcé dans sa puissance. Jésus a dit,

*12 En vérité, en vérité, je vous le dis, celui qui croit en moi fera aussi les oeuvres que je fais, et il en fera de plus grandes, parce que je m'en vais au Père;. (Jean 14:12)*

*22 Hommes Israélites, écoutez ces paroles! Jésus de Nazareth, cet homme à qui Dieu a rendu témoignage devant vous par les miracles, les prodiges et les signes qu'il a opérés par lui au milieu de vous, comme vous le savez vous-mêmes; (Actes 2:22)*

### IL CHERCHAIT À PLAIRE AU PÈRE

Il était définitivement un jouisseur de Dieu plutôt qu'un jouisseur des gens.

Alors que vous marchez vers votre destinée, il y aura des gens qui ne seront pas d'accord avec ce que vous faites, tout comme Jésus l'a fait, prenez votre visage comme un silex et faites ce pour quoi vous avez été créé !

*43 "Vous avez appris qu'il a été dit: Tu aimeras ton prochain, et tu haïras ton ennemi. 44 Mais moi, je vous dis: Aimez vos ennemis, bénissez ceux qui vous maudissent, faites du bien à ceux qui vous haïssent, et priez pour ceux qui vous maltraitent et qui vous persécutent*

*45 afin que vous soyez fils de votre Père qui est dans les cieux; car il fait lever son soleil sur les méchants et sur les bons, et il fait pleuvoir sur les justes et sur les injustes.. (Matthieu 5:43-45)*

Jésus expliquait qu'il y avait un chemin nouveau et vivant. Vous pouvez être positionné par Dieu comme un pionnier, allez de l'avant en accord avec les plans de Dieu, même si cela signifie aller à l'encontre des voies habituelles.

## IL A ÉTÉ PERSÉVÉRANT AU MILIEU DE LA PERSÉCUTION

Il était diligent, même face à la persécution des chefs religieux de son époque.

Presque tout ce que Jésus a été envoyé faire était en contradiction avec la culture religieuse de son époque. Cependant, il a marché dans la vérité et a accompli sa mission sans hésitation.

*17 Dis nous donc ce qu'il t'en semble : est-il permis, ou non, de payer le tribut à César? 18 Jésus, connaissant leur méchanceté, répondit : Pourquoi me tentez-vous, hypocrites ? 19 Montrez-moi la monnaie avec laquelle on paie le tribut. Et ils lui présentèrent un denier. 20 Il leur demanda : De qui sont cette effigie et cette inscription? 21 De César, lui répondirent-ils. Alors il leur dit : Rendez donc à César ce qui est à César, et à Dieu ce qui est à Dieu. (Matthieu 22:17-21)*

## IL AVAIT UNE CONFIANCE TOTALE EN SON PÈRE

Il n'avait pas peur et avait une confiance inébranlable en son Père céleste. Jésus savait que la peur ne venait pas de son Père, c'est pourquoi il ne l'a pas laissée l'handicaper. Mettez votre confiance en Dieu, en lui confiant toutes vos préoccupations dans la prière.

*20 Car le Père aime le Fils, et lui montre tout ce qu'il fait; et il lui montrera des oeuvres plus grandes que celles-ci, afin que vous soyez dans l'étonnement.*
*(Jean 5:20)*

## SON BUT ÉTAIT DE LA PLUS HAUTE IMPORTANCE

I a prié pour vaincre sa chair, lorsqu'il a été confronté au moment le plus difficile de sa vie, la crucifixion. Il y a des choses dans nos vies qui vont essayer de nous empêcher de réaliser notre but, nous devons chercher auprès de Dieu la grâce de surmonter ces obstacles.

*36 Et Il dit : "Abba, Père, tout T'est possible. Ôte de moi cette coupe ; cependant, ce n'est pas ce que je veux, mais ce que Tu veux." (Marc 14:36)*

Tout ce qui était nécessaire à l'accomplissement du plan de Dieu dans la vie de Jésus était déjà à l'intérieur de lui. Il a accepté l'invitation et a cherché son Père pour chaque pas qu'il a fait. Jésus a maintenu une position d'obéissance.

*19 Je vous le dis en vérité, le Fils ne peut rien faire par lui-même ; il ne peut faire que ce qu'il voit faire à son Père, car tout ce que le Père fait, le Fils le fait aussi. (Jean 5:19)*

**NOTES**

## La Mise en Œuvre Parfaite

Dieu nous a fait le cadeau d'un exemple parfait, Jésus, pour nous aider à entrer dans notre destinée. Comme nous l'avons vu tout au long de la vie de Jésus, Dieu a fait tout son possible pour tisser un but et une destinée dans le tissu de nos vies, que nous ayons ou non une vue d'ensemble. Il est si minutieux et, par sa providence dans nos vies, aucune pierre ne sera négligée.

n outre, lorsque nous examinons la vie de Jésus, nous constatons qu'il **a plu au Seigneur,**

*5 Comme il parlait encore, voici qu'une nuée lumineuse les couvrit de son ombre ; et voici que de la nuée sortit une voix qui disait : Celui-ci est mon Fils bien-aimé, en qui j'ai mis toute mon affection ; écoutez-le. (Matthieu 17:5)*

**Il a manifesté la gloire de Dieu** sur la terre par de nombreux miracles, signes et prodiges, Jean l'a exprimé ainsi,

*14 Et le Verbe s'est fait chair et a habité parmi nous, et nous avons vu sa gloire, une gloire comme celle du Fils unique venu du Père, pleine de grâce et de vérité. (Jean 1:14)*

***Jésus a montré la sagesse multiple de Dieu aux principautés*** et aux puissances en venant sous la forme d'un homme et en vainquant tous les ennemis et en surmontant toutes les tentations, le tout sans péché, comme on le trouve ici dans 1 Pierre 21-22 ;

*21 C'est à cela que vous avez été appelés, parce que Christ aussi a souffert pour nous, nous laissant un exemple, afin que vous suiviez ses traces : 22 Il n'a pas commis de péché et il n'y a pas eu de fraude dans sa bouche.*

Enfin, ***Jésus était une terreur pour l'ennemi*** (satan et les chefs religieux), les chefs religieux cherchaient à le tuer et selon Apocalypse 1:18,

*18 Jésus dit : Je suis le Vivant ; j'étais mort, et voici que je suis vivant pour les siècles des siècles ! Et je tiens les clés de la mort et du séjour des morts.*

Les clés représentent le pouvoir et l'autorité, Il a pris le pouvoir et l'autorité du royaume des ténèbres ! Jésus est notre parfait exemple, il a été créé à sa ressemblance, nous devons atteindre notre but de la même manière !

# Questions de Réflexion

Dans un endroit calme, réfléchissez à ce que vous ressentez, à ce qui vous a frappé dans ce module et à ce que le Seigneur vous a dit. Prenez le temps de répondre aux questions ci-dessous.

> **À QUELLE LIGNÉE DE SANG JÉSUS ÉTAIT-IL RELIÉ POUR ÊTRE PLACÉ DANS LA LIGNÉE DE DAVID ?**

> **QUELLES SONT LES LEÇONS QUE JÉSUS A MONTRÉES EN RÉALISANT SON DESSEIN ET QUE VOUS DEVEZ METTRE EN ŒUVRE DANS VOTRE VIE ? VOTRE VIE ?**

> **DIEU VOUS A-T-IL DÉJÀ MONTRÉ DES APERÇUS DE VOTRE DESTIN DANS VOTRE VIE AVANT QUE VOUS N'AYEZ LA PLEINE CONSCIENCE DE VOTRE DESTIN ? MANIFESTATION DE CEUX-CI ? SI OUI, EXPLIQUEZ.**

> **WQUEL EST, SELON VOUS, LE DÉFI LE PLUS DIFFICILE À RELEVER LORSQU'IL S'AGIT DE S'ENGAGER DANS SA DESTINÉE ?**

# Il est temps d'Advancer!

Tout comme Jésus a accompli son dessein dans la perfection, nous avons la même possibilité d'apprendre de son exemple. Il se peut que nous ayons parfois des difficultés à avancer dans la destinée que Dieu a prédestinée pour nous. Prenez le temps de prier pour demander l'aide du Saint-Esprit afin d'atteindre votre but. Nous sommes dans une saison où nous devons trouver la grâce et la force dans le Seigneur pour faire tout et être tout ce qu'il nous a créés. Sur le chemin de la vie, nous avons tous, sans aucun doute, rencontré des problèmes et des circonstances qui ont pu nous éloigner de la volonté de Dieu pour notre destinée. Il est temps de se réaligner sur son exemple, en s'assurant qu'il n'y a pas d'obstacles sur le chemin. Développez des habitudes intentionnelles qui vous aident à réaliser votre destinée en utilisant les leçons que Jésus nous a données, en étant plein de foi et confiant qu'Il est avec vous

## Priez

Priez la prière pour suivre l'exemple de Jésus dans la réalisation de votre destinée.

## Réfléchissez

Demandez-vous quels sont les traits de caractère à l'intérieur de vous qui pourraient vous empêcher de vous aligner sur l'exemple de Jésus. Dressez une liste et commencez à demander chaque jour l'aide de Dieu pour les éliminer de votre vie.

## Practique

Apprenez et étudiez d'autres façons dont Jésus a marché dans sa destinée et faites de ces pratiques une partie de votre vie quotidienne.

SORTEZ DE VOTRE BUT ...
C'EST TOUT

## il s'est humilié lui-même, se rendant obéissant jusqu'à la mort, même jusqu'à la mort de la croix.

PHILIPPIENS 2:8

LE PROCESSUS DU BUT

## 06

# La Réponse

IL EST TEMPS DE RÉPONDRE À L'APPEL DE VOTRE VIE, INSCRIVEZ-VOUS DÈS AUJOURD'HUI!

# La Réponse

En réfléchissant à notre étude, nous constatons que chaque personne a été utilisée par Dieu de manière extraordinaire pour accomplir l'agenda du Royaume de Dieu. Nous passons souvent à côté du fait que Dieu accomplit une œuvre bien plus grande que ce que nous pouvons imaginer. En général, nous voyons les choses à un niveau micro, mais Dieu travaille à un niveau macro. Il agit en comprenant comment chaque pièce va se connecter et s'emboîter parfaitement.

Si nous regardons encore plus profondément Pourtant, Ésaïe a été utilisé par Dieu pour prédire la venue du Messie en tant que chef ultime, Esther a également été utilisée, en fait, elle a contrecarré les plans de l'ennemi visant à couper la vie du Messie. Cette tentative d'assassinat a été planifiée par l'adversaire bien avant que Jésus n'entre sur la terre.

**OBJECTIF DE CE MODULE**

- Vous inciter à l'action

- Ouvrez les yeux sur la situation dans son ensemble

- Pour vous aider à voir qu'il vous a intentionnellement inclus dans son plan.

Voyez-vous, Esther était une descendante directe de Jessé ; son oncle était le roi David, et comme nous l'avons vu précédemment, Jésus était de la lignée du roi David. Si les Juifs avaient été anéantis à ce moment-là, Jésus ne serait pas arrivé sur la scène.

Le plan de génocide des Juifs remonte même à plus loin. Si nous jetons un coup d'œil à la lignée de Haman, nous constatons qu'il était un descendant d'Agag, roi des Amalécites. Les Amalécites étaient les ennemis jurés des Juifs. Le roi Saül avait désobéi au commandement du Seigneur de tuer tous les Amalécites, au lieu de quoi il avait gardé le roi Agag en vie. L'obéissance au but est cruciale, car à cause de la désobéissance de Saül, des générations plus tard la vie et le destin du Messie étaient menacés.

En réfléchissant à notre étude, nous comprenons que dans la lignée de David, Zorobbabel et Josué (préfiguration), il y avait des promesses d'espoir pour le peuple que le Messie viendrait. Lorsque Jésus, le Messie, est entré en scène, il a été un perturbateur ! Il est venu accomplir son dessein sur terre sans s'excuser. J'aime le fait que Jésus était un perturbateur de la norme, des choses qui étaient en opposition directe avec le royaume de Dieu. Je suis sûr qu'il n'était pas facile d'aller à contre-courant des traditions culturelles de l'époque. Pourtant, regardez comment les apôtres ont mis le monde à l'envers, ou à l'endroit!

**LE SAINT ESPRIT MURMURE**

Jetons un dernier regard sur Josué et Zorobabel. Prenez le temps de lire le chapitre 4 de Zacharie avant de poursuivre, cela vous permettra de mieux comprendre la dernière partie de notre étude biblique. Il y a quelques éléments clés que nous ne voulons pas manquer alors que nous examinons l'application pratique de ce texte dans votre vie.

En réalisant notre objectif, nous devons comprendre que la victoire nous est assurée. *Zacharie 4 : explique : "Et il me dit : Voici la parole de l'Éternel à Zorobabel : "Ce n'est ni par la force ni par la puissance, mais c'est par mon Esprit",* dit l'Éternel tout-puissant. L'ange montrait à Zacharie une image de la manière dont Zorobabel serait victorieux, uniquement lorsqu'il s'appuierait sur l'Esprit de Dieu. Nous ne pouvons RIEN faire par nous-mêmes ou même avec l'aide de plusieurs personnes, nous avons besoin de la puissance du Saint-Esprit pour faire TOUT ce pour quoi il nous a créés.

Dans Zacharie 4:2-3 & 11-14, nous voyons qu'il y avait des oliviers qui s'écoulaient dans les bols, ce qui montre un approvisionnement sans fin de l'huile, qui représente le Saint-Esprit. L'huile représentait la réserve inépuisable de ce dont Zorobabel et Josué auraient besoin pour accomplir leur mission. Le fait que Zorobabel &

Zorobabel & Josué ont été nommés les " fils de l'huile ; les oints ", nous fait savoir qu'ils ont profité pleinement de l'onction qui était disponible pour eux.

De la même manière, nous devons puiser dans la source inépuisable du Saint-Esprit qui garantit la victoire et le succès alors que nous réalisons notre objectif.

Nous savons que la victoire était assurée lorsque nous regardons Zacharie 4:7-10. Bien qu'il y ait des obstacles et que la tâche de la reconstruction semble insurmontable, Dieu lui assure qu'elle sera achevée. Le verset 9 explique que Dieu a utilisé Zorobabel pour commencer l'œuvre et qu'il l'utilisera aussi pour l'achever avec l'aide du Seigneur. Il y a peut-être des choses que vous avez commencées et abandonnées à mi-chemin, mais Dieu vous appelle à terminer le travail pour lequel vous avez été créé et à recevoir la victoire

Enfin, Dieu montre à Zacharie quelque chose de très significatif. En examinant le verset 10 de Zacharie chapitre 4, nous voyons qu'un avertissement est donné de ne pas mépriser le jour des petites choses.

> **Ne méprisez pas le jour des petites choses, ils se sont réjouis rien que de voir le fil à plomb dans la main de Zorobbabel.**
>
> ~Zacharie 4:10

Vous pouvez penser que ce que vous faites, alors que vous commencez à marcher dans un but précis, est insignifiant, mais il est très clair dans cette Écriture que rien de ce que vous faites pour le Christ n'est sans importance.

La vision de Zacharie nous attire vers un objet apparemment insignifiant appelé fil à plomb. Un fil à plomb est un outil important pour aligner les géométries anatomiques et visualiser le centre d'équilibre du sujet [10], c'est un outil utilisé dans la construction. Zacharie attire notre attention sur le fait que dès que le fil à plomb fut dans la main de Zorobabel, les yeux du Seigneur regardèrent et il fut satisfait. Puisque Zorobabel construisait le Temple, il était logique qu'il utilise des outils. Dieu a été absolument clair que lorsque Zorobabel a pris le premier outil pour entrer dans son dessein, le Seigneur était content ! Il en est de même pour vous et moi, dès que nous disons oui et commençons à entrer dans notre destinée, le Seigneur se réjouit.

The work was ordained by God. Zerubbabel had the Kingly & Priestly authority to carry out the destiny in the earth that was preordained for him. By the endless supply of the Holy Spirit Zerubbabel would be inspired, this is the same for you and I.

> **Quel que soit votre point de départ dans la réalisation de votre objectif, l'une des choses les plus importantes est de passer à l'action !**
>
> -Renele Awono

# Questions de Réflexion

Dans un endroit calme, réfléchissez à ce que vous ressentez, à ce qui vous a frappé dans ce module et à ce que le Seigneur vous a dit. Prenez le temps de répondre aux questions ci-dessous.

> **AVEZ-VOUS DÉJÀ RÉSERVÉ ? OUI OU NON, SI NON POURQUOI ?**

> **DANS QUEL SECTEUR OU INDUSTRIE VOUS SENTEZ-VOUS APPELÉ ? RELIGIEUX, ÉDUCATION, ARTS ET DIVERTISSEMENT, GOUVERNEMENT, MÉDIAS, ARTS ET SPECTACLES, AFFAIRES ET FAMILLE.**

> **À QUEL GROUPE DE PERSONNES ÊTES-VOUS APPELÉ ? LES ÉGLISES, LES FEMMES, LES PERSONNES DÉFAVORISÉES, LES ARTISTES, LES PROFESSIONS LIBÉRALES.**

# Il est temps d'Advancer!

Que ferez-vous? Accepterez-vous l'invitation qui vous a été faite d'accomplir votre destinée? Le moment est venu de commencer à avancer vers ce que Dieu a prévu pour votre vie depuis le début des temps. Prenez un moment et écrivez la première action que vous ferez pour commencer à avancer vers votre destinée. Réfléchissez aux solutions que vous pouvez mettre en œuvre pour vous aider à avancer vers votre but. Enfin, priez pour que Dieu vous donne sa sagesse. La sagesse vous aidera à avancer avec facilité et clarté, en vous donnant des instructions qui vous guideront dans votre partenariat avec le Saint-Esprit, comme Dieu l'a prévu dès le début.

## Agir

Écrivez la première action que vous allez entreprendre pour réaliser votre destinée.

## Réfléchissez

Prenez un moment pour développer des solutions aux obstacles qui peuvent vous empêcher de réaliser votre destinée. Cela vous aidera lorsque les obstacles se présenteront, vous aurez déjà une solution.

## Priez

Priez la prière pour la Sagesse dans le Trésor de la Prière

ENTREZ DANS CE POUR QUOI VOUS AVEZ ÉTÉ CRÉÉ SAVOIR QUE DIEU DIT SUR VOTRE AVENIR

**Car je connais les pensées que je nourris à votre égard, dit le Seigneur, des pensées de paix et non de malheur, pour vous donner un avenir et une espérance.**

JEREMIE 29:11

THE PROCESS OF PURPOSE

# 7 Jours de Défi des Buts

## Priez pour la clarté du but

**DÉFI JOUR 1**

CHERCHEZ DIEU POUR SAVOIR CLAIREMENT QUEL EST VOTRE BUT. DEMANDEZ-LUI DE CONFIRMER SA PAROLE CONCERNANT VOTRE OBJECTIF.

## Qu'est-ce que vous avez ?

**DÉFI JOUR 2**

RECHERCHEZ CE QUE VOUS POSSÉDEZ DÉJÀ ET QUI CORRESPOND À VOTRE OBJECTIF. IL PEUT S'AGIR DE COMPÉTENCES, DE DONS SPIRITUELS, D'OBJETS TANGIBLES OU INTANGIBLES, DE RELATIONS OU D'INFLUENCE.

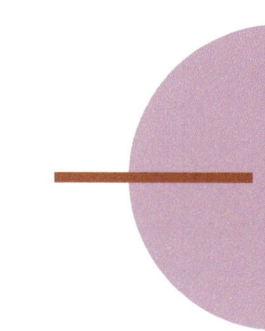

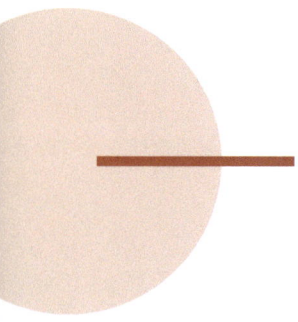

## Écoutez les instructions

**DÉFI JOUR 3**

PASSEZ AUJOURD'HUI À CHERCHER DIEU POUR D'OBTENIR DES INSTRUCTIONS SUR COMMENT COMMENCER À RÉALISER VOTRE OBJECTIF.

## Écrivez la Vision
### DÉFI JOUR 4

SANS VISION, LE PEUPLE PÉRIT. LAISSEZ L'ESPRIT SAINT VOUS INSPIRER POUR ÉCRIRE LA VISION / STRATÉGIE DE VOTRE BUT

## Planifiez votre but
### DÉFI JOUR 5

FIXEZ ET PLANIFIEZ DES OBJECTIFS RÉALISABLES AVEC DES ÉCHÉANCES RÉALISTES. OBJECTIFS RÉALISABLES : DE PETITS OBJECTIFS À RÉALISER QUI VOUS AIDERONT À ATTEINDRE VOTRE BUT.

## Priez. Priez. Priez.
### DÉFI JOUR 6

PRIEZ POUR LA FORCE, LA CAPACITÉ, LES RESSOURCES, LA FAVEUR, L'HUMILITÉ ET TOUT CE QU'IL FAUDRA POUR ACCOMPLIR VOTRE OBJECTIF. PRIEZ CONTRE, LE RETARD, LA PROCRASTINATION, LA CONFUSION ET TOUT AUTRE VOLEUR DE DESTIN.

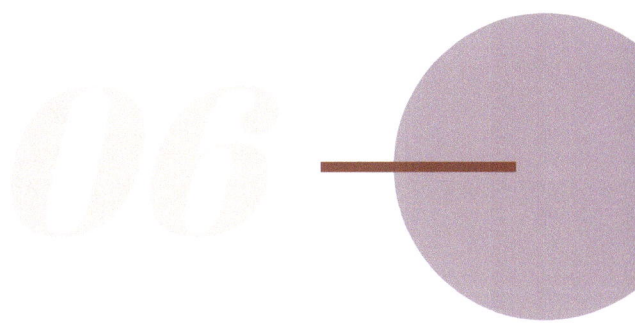

## Avancer vers le but
### DÉFI JOUR 7

AGISSEZ EN FONCTION DE CE QUE DIEU VOUS A DIT. COMMENCEZ À ACCOMPLIR CHAQUE TÂCHE, EN RESTANT OUVERT À LA DIRECTION DE L'ESPRIT SAINT.

# Trésor de *Prière*

Les invitations aux prières suivantes ont été conçues pour que vous puissiez les utiliser tout au long de votre voyage pour découvrir votre but, chercher Dieu et planifier. Ils vous invitent à approfondir votre prière et à développer une relation plus étroite avec votre Créateur.

### LA GRÂCE D'ACCEPTER L'INVITATION

Je ne sais peut-être pas ce que tu as conçu pour ma vie, mais aujourd'hui j'accepte ton invitation. Pardonne-moi d'avoir eu peur de dire oui, d'avoir trouvé des excuses et d'avoir choisi de ne pas répondre à ton invitation. Je choisis de faire un saut dans la foi et d'entrer dans ce pour quoi tu m'as créé. La peur ne m'empêchera pas en cette saison de saisir tout ce que Dieu a en réserve pour ma famille, mes finances, mon ministère, ma destinée et moi-même, au nom de Jésus... Amen.

### SALUT

Seigneur, je sais que je ne t'ai pas accepté, aujourd'hui est le jour. J'ai choisi de libérer toutes les choses qui m'ont retenu, je te les donne. Toute forme de péché et de désobéissance dans ma vie, je m'en repens, je la rejette et j'y renonce. Je t'accepte dans mon cœur et je te demande de m'aider à diriger ma vie à partir de maintenant, au nom de Jésus...Amen.

### CROISSANCE

Dieu, merci de ce que tu dis, " demande et tu recevras ", je demande des résultats, je ne veux pas être stagnant, je veux CROITRE. J'annule tout obstacle et toute affectation contre ma vie pour la retarder et l'asservir. J'annule toute forme de mort et d'avortement destinée à tuer ma destinée, mon dynamisme, ma progression et ma passion au nom de Jésus. Je décrète et déclare que TOUT ce pour quoi Dieu m'a créé s'accomplira ! Je ne manquerai aucun projet ou manteau que Dieu veut me donner au nom de Jésus... Amen.

### IDENTITÉ

Seigneur, merci de m'avoir appelé avant même ma naissance (Jérémie 1). Je veux avoir une pleine compréhension de qui je suis en toi. Montre-moi qui tu as créé pour que je sois. Enlève en moi tout ce que tu n'as pas mis là (Matthieu 15:13). Accorde-moi la grâce de me voir tel que tu m'as conçu. Au nom de Jésus...Amen

# Trésor de *Prière*
SUITE

### SAGESSE
Seigneur, je te demande la sagesse, tu as dit que si un homme manque de sagesse, il peut la demander et tu la lui donneras librement (Jacques 1 :5). Je te demande la sagesse dont j'ai besoin pour mener à bien la destinée que tu as conçue pour moi. Je cherche la sagesse pour m'aider à réaliser efficacement chaque détail de ton plan pour ma vie au nom de Jésus... Amen.

### OBÉDIENCE
Je me repens pour toute désobéissance dans ma vie qui m'a empêché de grandir et d'avancer en toi. Ta Parole dit que, **13** Il ne vous est survenu aucune tentation, si ce n'est celle qui est commune à l'homme ; mais Dieu est fidèle, il ne permettra pas que vous soyez tentés au delà de ce que vous pouvez, mais il ouvrira aussi avec la tentation un chemin d'évasion, afin que vous puissiez la supporter. (1 Corinthiens 10:13) Dieu me donne la grâce de surmonter toute tentation de désobéissance. Je décrète et déclare que je suis obéissant au nom de Jésus.

### CONTRE LA PEUR
Seigneur tu as dit dans la Parole, que tu ne m'as pas donné un esprit de crainte... (2 Timothée 1:7). Je me repens de m'être aligné sur quelque chose que tu ne m'as pas donné et je renonce et rejette la peur. Je décrète et déclare que je suis plein de foi, la foi de Dieu qui déplace les montagnes (Mathieu 21 :21). Seigneur, aide-moi à ne plus m'associer à la peur dans ma vie, aide-moi plutôt à marcher dans la puissance, l'amour et un esprit sain, au nom de Jésus... Amen.

### BUT
Seigneur, je ne suis pas tout à fait sûr de mon but, mais je prie pour que tu me donnes de la clarté. Je te remercie de m'avoir aidé jusqu'à présent, je voudrais maintenant te confier le but entier de ma vie. Jusqu'à présent, j'ai agi par moi-même, errant de long en large pour essayer de trouver ce pourquoi j'étais ici. Aide-moi à réaliser tes buts spécifiques tels qu'ils sont expliqués ici et décrits dans ta Parole. Permets-moi de voir clairement ce que cela signifie pour moi. Tu as la permission de changer mon état d'esprit, ma compréhension et mes façons de penser pour les aligner sur les tiens. Donne-moi une compréhension plus profonde de ton amour pour moi, au nom de Jésus... Amen.

# Trésor de Prière
**SUITE**

### SUIVRE L'EXEMPLE DE JÉSUS

Seigneur, je veux accomplir le but que tu m'as donné selon l'exemple que Jésus a laissé pour nous. Aide-moi à accomplir ma mission avec l'audace et le courage de Jésus. Aide-moi à me rapprocher du Père afin que je ne fasse que ce que le Père me demande de faire. Aide ma vie à être transformée et à apporter la transformation à beaucoup. Fais que je sois un signe et une merveille, une démonstration de ta puissance sur la terre. Je décrète et déclare que je serai TOUT ce que tu as créé pour moi depuis le début des temps, au nom de Jésus... Amen.

### ABANDON

Seigneur, j'abandonne, je brandis le drapeau blanc, je me rends. Je te donne ma vie, ma volonté, ma famille, mon contrôle. Guide-moi et donne-moi des indications sur la façon de vivre cette vie. Je crois que ta volonté pour moi la vie est meilleure. Je demande ta grâce pour m'aider à sortir de mes défis actuels et me faire entrer dans la vie que tu as choisie pour moi. Je te remercie pour ta bonté aimante. Je me repens d'avoir essayé de faire cela tout seul, je me repens de mon entêtement et de ma désobéissance. Aide-moi à rester dans une posture d'abandon, d'humilité et de gratitude. Merci d'ouvrir vos bras pour m'accepter tel que je suis et de me donner la grâce de devenir le fils/fille que tu as créé pour être au nom de Jésus... Amen.

### CLARITÉ

Seigneur, je te remercie car tu n'es pas l'auteur de la confusion (1 Corinthiens 14:33). Par conséquent, je prie pour la clarté et la compréhension de ton timing et de tes objectifs dans ma vie. Je prie que tu me donnes la compréhension de ce qu'il faut faire et la connaissance des temps/saisons du Seigneur, comme les enfants d'Issachar (1 Chroniques 12:32). Je te remercie de me donner une vision claire pour voir et une perception précise alors que j'accomplis les choses que tu m'as créé pour faire sur la terre au nom de Jésus Amen.

### COMPASSION & AMOUR

Seigneur, je te remercie de me montrer compassion et miséricorde dans les moments de ma plus grande brisure. Vous m'avez atteint par cœur de compassion et d'amour profonds pour me guérir et me renforcer d'une manière que je ne pourrais jamais faire pour moi-même. Votre compassion a fait des miracles pour les autres. Aide-moi à être suffisamment sensible et compatissant pour ressentir ton cœur pour les autres. Aide-moi à être ouvert à ton cœur en voulant atteindre ceux qui ont besoin d'être touchés par le Père aimant au nom de Jésus....Amen

> **Poursuivez Votre But! Vous pouvez commencer tard, avoir l'air différent, être incertain et réussir quand même.**

NOTES

1. "Purpose." dictionary.com , dictinary.com, www.dictionary.com/browse/purpose. Accessed 29, December 2020

2. "Calling." dictionary.com , dictinary.com, www.dictionary.com/browse/calling. Accessed 15, December 2020

3. Article: The Lord God …Before Whom I Stand (Part 2), Lee Ann Rubsam, https://refinedinthefire.wordpress.com/2007/10/08/the-lord-god-before-whom-i-stand-part-2/, Accessed 28, December 2020

4. Article:Types, shadows, patterns and figures in the Bible., https://www.bibletruths.org/types-shadows-patterns-figures-in-the-bible/ Accessed 8 January 2021

5. Article: Zerubbabel, https://en.wikipedia.org/wiki/Zerubbabel, Accessed 8 January 2021

6. Article: Zechariah, https://en.wikipedia.org/wiki/Zechariah_(given_name)#:~:text=Zechariah%2C%20also%20transliterated%20as%20Zachariah,the%20names%20of%20the%20God. Accessed 8 January 2021

7. Article: Joshua, https://en.wikipedia.org/wiki/Joshua_(name), Accessed 8 January 2021

8. Article: Haggai, https://en.wikipedia.org/wiki/Haggai, Accessed 8 January 2021

9. Article: Bethlehem, https://en.wikipedia.org/wiki/Bethlehem, Accessed 11 January 2021

10. Article: Plumbline, https://findanyanswer.com/what-is-plumb-line-in-physics, Accessed 12 May 2021

# A Propos de L'Auteur

Renele Awono est une mère de trois enfants, mariée et heureuse, qui vit sur la côte ouest. Psaumes 139:14 a été sa confession, bien avant qu'elle n'ait eu le vrai sens de sa signification. C'est son désir le plus profond de rattraper tout ce que Dieu l'a créée, chaque jour, elle parcourt ce voyage une étape à la fois. Si vous ne l'avez pas déjà remarqué, Renele est une femme de foi forte, qui croit que la poursuite intentionnelle de son objectif est essentielle.

Au cours de son parcours, elle a obtenu son diplôme d'associé ès arts en arts libéraux et son baccalauréat en administration des affaires avec une spécialisation en commerce international. Elle a également obtenu un diplôme mineur en espagnol et étudie, la langue de l'amour, le français. Renele est une humanitaire dans l'âme et tout au long de sa vie, elle a cherché des opportunités pour servir les personnes dans le besoin. De plus, elle a travaillé dans plusieurs secteurs industriels, y compris les gouvernements à but non lucratif, locaux et étrangers.

Dans la poursuite de son destin, Renele a l'intention d'aider les autres à rechercher tout ce pour quoi ils ont été créés !

# Créature si Meryeilleuse
*English, Spanish & French*

**Vous avez été créé et magistralement conçu pour accomplir le dessein de Dieu. Cela signifie que vous n'êtes pas un accident !**

Crée avec Crainte & Merveille peut être acheté sur Amazon ou sur le site web. Prenez le temps de découvrir les autres produits et services de Renele Awono.

### WWW.PURPOSEINC.LIFE

www.ingramcontent.com/pod-product-compliance
Lightning Source LLC
Chambersburg PA
CBHW042007150426
43195CB00002B/45